CÓDIGO PENAL CELESTE

Nilton Bonder

CÓDIGO PENAL CELESTE

*Prepare sua defesa
diante do Tribunal Supremo*

Rocco

Copyright © 2004, 2011 *by* Nilton Bonder

Direitos desta edição reservados à
EDITORA ROCCO LTDA.
Av. Presidente Wilson, 231 – 8º andar
20030-021 – Rio de Janeiro – RJ
Tel.: (21) 3525-2000 – Fax: (21) 3525-2001
rocco@rocco.com.br
www.rocco.com.br

Printed in Brazil/Impresso no Brasil

CIP-Brasil. Catalogação na fonte.
Sindicato Nacional dos Editores de Livros, RJ.

B694c	Bonder, Nilton
	Código Penal Celeste: prepare sua defesa diante do Tribunal Supremo / Nilton Bonder. – Rio de Janeiro: Rocco, 2011.
	ISBN 978-85-325-2637-3
	1. Julgamento (Ética). 2. Ética judaica. I. Título.
11-0675	CDD-296.36 CDU-26-42

Esta é a primeira pergunta que nos fazem diante do Tribunal Celeste: "Acaso conduzistes teus negócios e ocupações honestamente?"

– TALMUDE

Sumário

Introdução 13

PARTE I
COMPETÊNCIAS CELESTES

Das competências celestes.. 17
Constituição Universal
Dos princípios fundamentais....................................... 23
Imputabilidade penal
Definição de crime... 31
Precedente adâmico – Jurisprudência de um crime original
(Adão e Eva x Criador).. 33
Princípios nas quatro esferas celestes.............................. 35
Metodologia... 37

Capítulo I
Crimes contra a nudez
Dos crimes contra a pessoa e contra a vida....................... 39

SEÇÃO I
Crimes contra o patrimônio
Crimes por não sermos quem somos................................. 43

Infração do artigo 10º
Não abdiques do único querer do momento 45

Infração do artigo 9º
Não julgues, pois será jurisprudência sobre ti 51

Infração do artigo 8º
Não renuncies a teus limites, sem eles não podes ser tudo o que és 55

Seção II

Crimes contra os costumes
Crimes pelo que não se faz 61

Infração do artigo 7º
Não perca a pureza de teu foco 63

Infração do artigo 6º
Não atentes contra a vida rejeitando a totalidade de ti mesmo... 67

Capítulo II

Crimes contra a vulnerabilidade
Dos crimes contra a verdade (seção I) e a pertinência (seção II) 75

Seção I

Crimes contra a propriedade Imaterial
Ou ditos crimes à criatividade e à propriedade intelectual da Criação 79

Infração do artigo 5º
Honra tuas fontes de orientação e sentido 81

Infração do artigo 4º
Guarda a pausa na dinâmica, o vazio no pleno 85

SEÇÃO II
Crimes contra a paz cósmica
Ou ditos crimes contra a verdade ou contra o Criador................ 89

Infração do artigo 3º
A integridade só pode ser vivida na condição de fragmento....... 91

Infração do artigo 2º
Todo poder emana da realidade e não das ilusões.................. 95

Infração do artigo 1º
Todo indivíduo deve viver a sua própria vida..................... 101

PARTE II
CÓDIGO PENAL – DAS PENAS

Da natureza das penas... 109
Disposições preliminares
A punição dos céus: pragas e retornos............................ 111
A irrelevância do outro nos litígios celestes......................... 115
Da execução penal... 117
Execução penal nos quatro mundos..................................... 119
Aplicações da execução.. 121
Das espécies de pragas.. 125

Capítulo I
Solidão... 127

SEÇÃO I
Penalidades de solidão-aniquilamento.................................. 129

SEÇÃO II
Penalidades de solidão-enlouquecimento................................ 141

Capítulo II
Desespero 147

Seção I
Penalidades por desespero-heresia 149

Seção II
Penalidades por desespero-rescisão 157

Parte III
DA REABILITAÇÃO

Do indulto, da anistia 171
Penalidade-cura x Penalidade-punição 175
Dos cenários
Do julgamento em si 179
Do inferno, do paraíso 183
Sua próxima encarnação 187

Bibliografia 189

CÓDIGO PENAL CELESTE

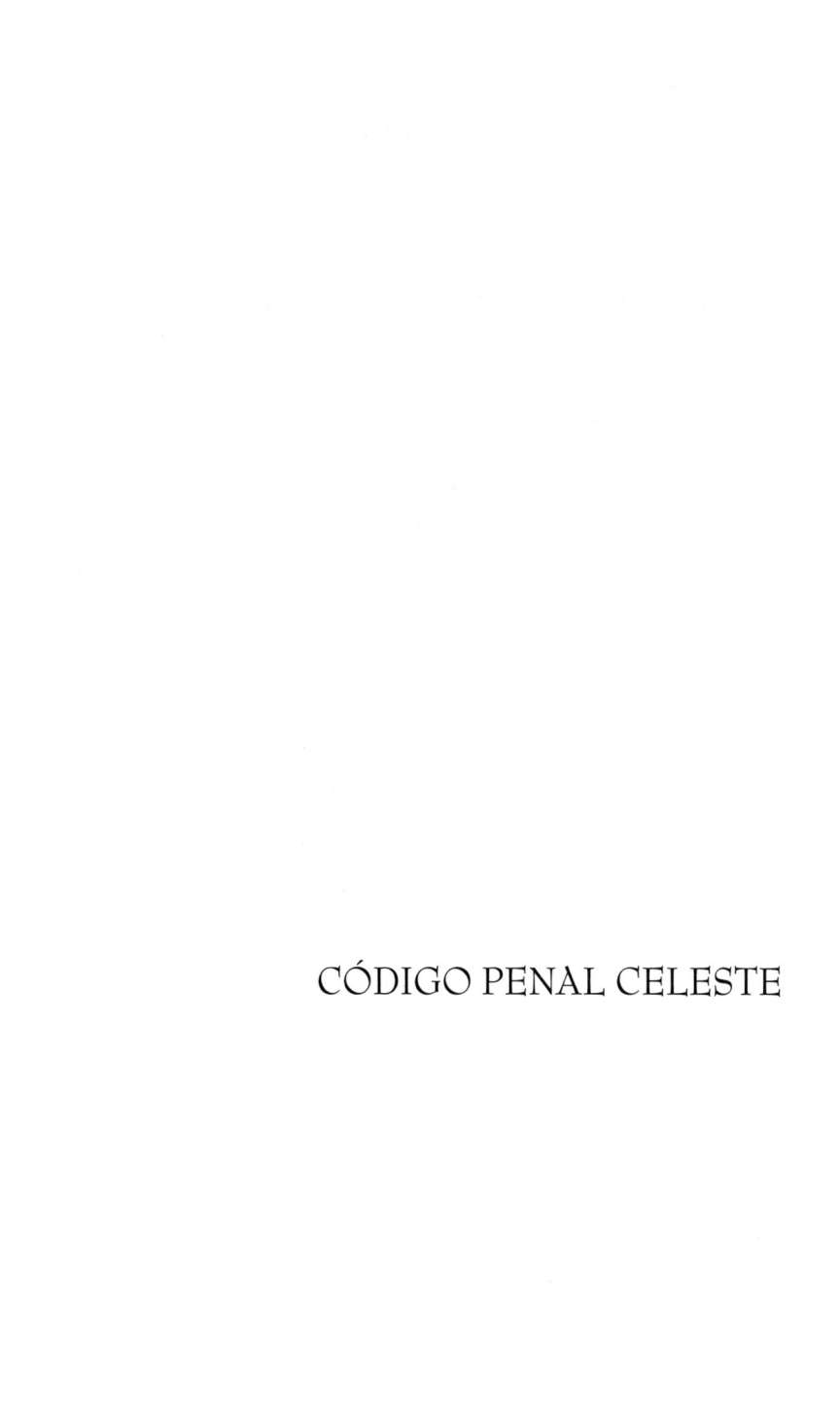

Introdução

Uma das peças mais importantes do imaginário humano é o julgamento final, a contabilidade que prestamos ao término de nossas vidas.

Nascido nas profundezas da consciência, esse julgamento se origina na percepção de que existem prioridades e objetivos em nossas vidas. A cobrança final seria justamente o aferimento do sucesso ou insucesso da empreitada da vida.

Este livro tem como intenção apresentar elementos de uma possível "ética" do indivíduo para si próprio, das obrigações que o viver implica ao sujeito da vida.

Para tal foi concebido como um código penal. Sua estrutura e, por vezes, a própria terminologia intencionalmente simulam uma Constituição e seu respectivo Código de Processo Penal. Tratar-se-ia de uma Constituição Pessoal e das possíveis decorrências de sua transgressão.

O intuito maior deste trabalho é apontar a profunda fusão psíquica entre o que acreditamos ser expectativas divinas, do Criador, e as próprias expectativas de nossa consciência. Seria este em si o postulado principal do texto bíblico, qual seja, de que Criador e criatura se comunicam pela consciência. Mais, talvez, Criador e criatura se fundem e se confundem na consciência.

Assim sendo, vou buscar uma Constituição e uma ordem penal que respondam pela projeção do desejo tanto de Deus como da consciência. E ela se materializa por um lado como Constituição nos princípios enunciados nos Dez Mandamentos, por outro como punição nas Dez Pragas enunciadas no mesmo livro do Êxodo.

Tanto as expectativas como as punições do Criador respondem por similares expectativas e punições da consciência. Num jogo entre simbolismos coletivos e pessoais, a intenção deste livro é conseguir passar ao largo da moral e dos costumes que normalmente julgam para permitir que os anseios e as aspirações da alma pautem a apreciação sobre a qualidade e a propriedade da vida.

Como você se sairia aferido pela jurisprudência da alma? Que veredicto lhe caberia ao defrontar-se com leis da essência e não da moral? Que sentença lhe faria jus pela óptica da totalidade de sua vida e não pela justificativa do momento?

Ilustrar e iluminar essas e outras questões é o intuito das páginas a seguir. Permita-se entrar neste cenário de pesadelos, de arrependimentos e de remorsos, não como um purgatório sádico alimentado pelo terror e pelo sobressalto, mas como uma forma de acordar mais desperto.

Despertar esse que absolve e salva...

Que salva da mais ácida e recriminante crítica – a nossa.

I
COMPETÊNCIAS
CELESTES

Das competências celestes

É fundamental distinguir as áreas de atuação e as competências da justiça terrena e da justiça celeste. À justiça terrena competem as relações recíprocas entre dois ou mais indivíduos. O parâmetro principal dessa justiça é, uma vez configurado um ato ilícito ou injusto, identificar possíveis vítimas e delinquentes ou apontar certos e errados ou mais certos e mais errados. Seus instrumentos são o discernimento do bem e do mal.

Seu pressuposto maior é que qualquer vínculo que se estabeleça entre dois ou mais agentes pode produzir pleitos e litígios. Estes, por sua vez, emergem do direito, da ponderação, da apreciação ou da análise. Não existe uma justiça externa e absoluta. São as próprias sociedades que estabelecem convenções e padrões para lidar com suas principais preocupações e temores na busca de proporcionar segurança e bem-estar a seus cidadãos. Para tal fim, julgam, condenam e penalizam. Os direitos são construções humanas em constante processo de transformação.

Um dos maiores desafios da justiça terrena em sua investigação do "bem" e do "mal" é que facilmente se pode desviar para um julgamento dos indivíduos e não de suas ações. A busca por "culpados" pode muito bem se afastar do rumo de compreender os vínculos e as interações entre indivíduos e enfatizar a ilusão de que existem essências de melhor qualidade que outras. De uma justiça de "bem" e "mal", passamos a outra que é de "bom" e "mau". Essa é a matriz de todo o preconceito. Na verdade, representa a subversão do desejo de justiça pelo privilégio e pela regalia.

A jurisprudência celeste, por sua vez, se ocupa exclusivamente das questões entre a criatura e o Criador. Muito diferente da justiça terrena, não interessa aqui a justiça nas interações. Todas as ações são legítimas mesmo que ilícitas porque derivam do uso do livre-arbítrio. A justiça celeste não reconhece o status de "bem" ou "mal", que é uma condição relacional, ou seja, que privilegia uma perspectiva particular. Sua justiça é absoluta. Mesmo a perspectiva de uma sociedade, ou da maioria, é sempre uma perspectiva particular, uma realidade paralela construída com fins que, por mais nobres, nunca são absolutos. Por não absoluto entenda-se que são regras inventadas, distintas das regras da vida ou das regras pela qual a intenção da Criação se pautou. Nos litígios celestes não interessa a identificação de vítima e de réu, pois uma vez estabelecido um litígio, ambos já são *a priori* conhecidos. Réu e vítima são sempre a mesma pessoa. A vítima é o Criador representado por sua criatura, e o delinquente é aquele que faz uso do livre-arbítrio, ou seja, a criatura. Trata-se do julgamento de si mesmo em relação a si mesmo.

De fato, a religião e a moral projetaram sobre a jurisprudência celeste torpes ilusões derivadas da justiça terrena. Pior, projetaram uma justiça terrena de pouca qualidade. Tratar-se-ia de uma justiça utópica que concederia derradeiros privilégios à moral ao confirmar que não há impunidade. Nessa concepção autoritária da realidade, o "bem" venceria o "mal", claramente revelando os contornos vingativos e triunfalistas da moral. E, sem dúvida, a maior deturpação da jurisprudência celeste é representá-la como um fórum interessado em identificar quem foi "bom" ou "mau". Afinal, em se tratando de uma justiça acima de "bem" e de "mal", muito menos lhe interessaria apontar "bons" e "maus". Se as criaturas são todas boas por natureza, ou se são todas más, ou se são capazes de se refinar tornando-se boas, ou se tendem a se degenerar tornando-se más, são preocupações relacionais típicas da justiça terrena. Ou melhor, de uma justiça mais marcada por convenções e até preconceitos do que pela imparcialidade absoluta.

Para compreendermos do que trata a justiça celeste, temos que nos liberar da propaganda que fez dos céus um repositório das fantasias terrenas. O lixo que paira nos "céus" de nossas questões mal resolvidas na Terra dificulta a percepção de nossos reais compromissos com a transcendência. No centro dessa "propaganda" estão os conceitos de paraíso e de inferno. O problema maior com conceitos tão primários e infantis de justiça é que acabam por ocultar daqueles mais preparados o reconhecimento de que existe uma justiça celeste. Isso porque as pessoas mais preparadas acabam por perceber que, diante do absoluto, qualquer realidade que se explique e se justifique por uma lógica punitiva será sempre baseada em preconceito e imaturidade.

É essa a grande dificuldade teológica que encontramos no livro de Jó. Homem honesto e caridoso, Jó perde gradualmente todos os seus bens materiais, a família e a própria saúde.

O drama se desenvolve em torno da tentativa de dar sentido a seus infortúnios projetando nos céus uma justiça convencional como a que os homens estabelecem. As desgraças e desventuras que experimenta possibilitam apenas uma equação simples: ou eu sou "mau" e mereço o que me acontece, ou sou "bom" e o Criador é "mau" ou não é onipotente. Pela opção da humildade e da piedade, Jó se entende como "mau", mas essa solução lhe é insuportável. Ao ser tão crítico e intolerante consigo, perde o norte, perde a si. Pela opção da autoestima (eu sou "bom"), Jó se depara com um mundo caótico que não vale a pena ser vivido.

O que ele não concebe é que não é nem "bom" nem "mau". A essência de seu nome, como é de praxe nos recursos literários bíblicos, revela a tensão intrínseca de sua condição. O seu nome em hebraico (*job*) é a inversão das letras da palavra (*ojb*), cujo significado é "inimigo". O inimigo não é o Satã projetado aos céus, mas a tentativa de capturar a transcendência (o absoluto) com ferramentas tão relativas como o "certo/errado" ou o "bem/mal". Satã, o promotor, o acusador, é o próprio Jó e sua consciência.

A razão maior de os céus não estarem preocupados com o "bem" e o "mal" é que todas as interações na Terra geram ônus e bônus. Estes, por sua vez, é que respondem pelo fato de que nunca ficamos impunes. A penalidade da moral sempre engendrará impunidade e os Jós estarão entregues a seu inimigo interno, que lhes trará grande dificuldade em aceitar a vida.

Vamos esboçar um código penal que não é baseado em punições. Uma justiça que tem como réu o "inimigo" que é a mesma pessoa da vítima. Uma jurisprudência que é também produzida pelo próprio réu vítima e julgada por crítica e critérios desse mesmo réu vítima, ou seja, uma conformação que tem todos os ingredientes de um devaneio e que para muitos pareceria imaginária, mas que está presente em nossas vidas com a potência de fazer estremecer os fundamentos de todo o ser. O julgamento celeste diz respeito à vida eterna, transcendente, que é baliza essencial de nossa existência. É que, mais do que nos cobrarmos sentidos e realizações, esse fórum nos expõe ao irrefutável e inalienável compromisso de "ser ou não ser".

Os céus nos exigem o cumprimento da obrigação de gerirmos nossa vida oferecendo a nosso ente a mais ampla oportunidade de ser. Esse é o pacto indissolúvel entre criatura e Criador, e é dele que emanam os possíveis dolos e contravenções de competência arbitral do fórum celeste.

Constituição Universal

Dos princípios fundamentais

Tudo que é mundano aspira a ser consagrado, trazido à santidade sem perder sua condição mundana. Sem esvaziar o mundano de sua essência, quer direcioná-lo à redenção.

– MARTIN BUBER

CARTA MAGNA MOSAICA
Dez Mandamentos

A apresentação que se segue dos Dez Mandamentos são interpretações desenvolvidas a partir do pensamento de Carl Gustav Jung e sucessivamente comentadas por Edward F. Edinger,[*] David Wolfe-Blank[**] e pelo autor.

Artigo 1º
Eu sou teu D'us ... que te tirou da casa da escravidão e da dependência.
 Eu falo a ti como o centro que organiza tua vida, como uma unidade.

---

[*] Edward Edinger, analista jungiano, livro *The Bible and the Psyche*.
[**] David Wolfe-Blank, expoente no Movimento Renewal, faz comentários a Edinger em seu *MetaSidur*.

Há um centro em tua vida de onde deves ser e funcionar. Eu sou a força que te auxiliou quando estavas em profunda dissociação.

Eu te redireciono para o desenvolvimento, a integridade e a livre iniciativa.

Eu sou aquele que te impulsiona para fora de teus hábitos e teus vícios.

Hábitos e vícios evidenciam que estás vivendo uma vida que não é a tua.

Parágrafo único
Todo indivíduo deve viver a própria vida.

Artigo 2º
Não terás outros deuses... Não farás imagens e não te curvarás a elas.

Teu ego se desenvolve a partir de estados iniciais de idolatria. Teu ego estabelece mediações entre a realidade interna e a externa. No momento em que não pode integrá-las, para se preservar, constrói imagens que são ilusões.

Distorces assim a realidade para que nela caibam teus apegos, tuas idolatrias.

Ultrapassa teus apegos e não pauta a tua vida pelo cenário de tuas ilusões.

Parágrafo único
Todo poder emana da realidade e não das ilusões.

Artigo 3º
Não tomarás o nome de D'us em vão.

Não ajas como se funcionasses plenamente íntegro. Vive em meio a doses saudáveis de mistério e ambiguidade. Querer impor ao universo uma ordem baseada apenas em tuas expectativas e em tua agenda é irreal.
Nada em nós é absoluto e só nos honramos como parte de um todo.
O único possível acesso à verdade se dá através da sinceridade e da honestidade.

Parágrafo único
A integridade só pode ser vivida na condição de fragmento.

Artigo 4º
Lembra o dia do sábado, para mantê-lo sagrado...
Saibas criar tempo para teus objetivos transcendentes. Tempo para conhecer propósitos maiores e consolidar níveis mais elevados de desenvolvimento moral.
Tempo para uma sindicância sobre o imediatismo dos dias da semana e de nossos critérios de sobrevivência.
Tempo sem fazer, tempo que não seja preenchido como objeto ou mercadoria.

Parágrafo único
Guarda a pausa na dinâmica e o vazio no pleno.

Artigo 5º
Honra teu pai e tua mãe...
Devemos honrar e manter sagrada em nós a conexão com os fundamentos.

Somos apenas o galho de uma Árvore da Vida com profundas raízes. É destas raízes que emana o mais profundo senso de orientação. Elas são a conexão com guias internos que apontam rumos. Dos mananciais dos pais arquetípicos emanam a autenticidade e a direção.

Parágrafo único
Honra tuas fontes de orientação e sentido.

Artigo 6º
Não assassinarás...
Não reprimas partes de tua vida negando conteúdos psíquicos de tua consciência. Tal ato mata para dentro e é a ponta do iceberg do comportamento que mata nas ruas e na guerra. Não há violência na natureza. Toda violência é produzida no interior das criaturas. O assassino é na origem um suicida.

Parágrafo único
Não atentes contra a vida rejeitando a totalidade de ti mesmo.

Artigo 7º
Não cometerás adultério.
Adulterar é diluir e diminuir a pureza de uma substância. É misturar o que é valioso com material de qualidade inferior.
Não adultere teus mais nobres valores e princípios por outros que sejam menores.
Sejas cuidadoso para que tuas buscas maiores não sejam invadidas por necessidades menores.

Parágrafo único
Não percas a pureza de teu foco.

Artigo 8º
Não roubarás...
 Cuida de teu ego para que ele não perca a capacidade de distinguir entre o que te pertence e o que não te pertence neste mundo. Reconhecer limites à tua propriedade é uma referência imprescindível.
 Quem rouba distorce a percepção de si.
 Ser mais ou menos o que se é corresponde a não ser tudo o que se é.
 A tristeza se origina das fraudes; a alegria emana da honestidade.

Parágrafo único
Não renuncies a teus limites, sem eles não podes ser tudo o que és.

Artigo 9º
Não levantarás falso testemunho contra teu vizinho.
 Não penses que a fonte do mal está no outro. Tente integrar as tuas próprias sombras. Sair da infância é desenvolver um senso de si que não se afirme apenas por "não ser como o outro".
 A falsidade faz com que não sejamos capazes de assumir responsabilidades. Achar culpados é um truque para livrar-se da própria culpa.

Parágrafo único
Não julgues, pois será jurisprudência sobre ti.

Artigo 10º
Não cobiçarás a casa, a mulher ou qualquer coisa de teu vizinho.

Há um elemento moral nos sentimentos. Domina-os percebendo desejos maiores dentro dos próprios desejos. Não há forma maior de transcendência do que perceber esses desejos maiores.

Perceba todos os teus quereres, mas que seja a tua busca encontrar aquele que é o único e legítimo querer de cada instante.

O livre-arbítrio não é querer, mas a opção pelo querer autêntico.

Parágrafo único
Não abdiques do único querer do momento.

Todo indivíduo deve viver a própria vida.

Todo poder emana da realidade e não da ilusão.

A integridade só pode ser vivida na condição de fragmento.

Guarda a pausa na dinâmica e o vazio no pleno.

Honra tuas fontes de orientação e sentido.

Não atentes contra a vida rejeitando a totalidade de ti mesmo.

Não percas a pureza de teu foco.

Não renuncies a teus limites, sem eles não podes ser tudo que és.

Não julgues, pois será jurisprudência sobre ti.

Não abdiques do único querer do momento.

Imputabilidade penal

Definição de crime

Todo ser vivo é nu e vulnerável. Sua nudez e sua vulnerabilidade não são defeitos nem limitações. São recursos que permitem participar da fluidez da vida. São porosidades essenciais para as trocas vitais que nos sustentam. A nudez é o aspecto físico de nossa humanidade. A vulnerabilidade é o aspecto imaterial de nossa humanidade. A nudez e a vulnerabilidade nos fazem permeáveis à vida e, sempre que juntas, possibilitam estarmos presentes, existindo.

Sempre que estes recursos são evitados e insensibilizados existimos numa condição de ilicitude, de não transparência e de embuste.

Quando Adão se oculta por temor e vergonha de estar nu, quando dissimula sua vulnerabilidade ao ter errado, incorre no primeiro crime espiritual – o pecado original.

É pecado – crime doloso espiritual – não viver a própria vida por deixar de assumir os próprios atos.

Cada momento encerra uma única necessidade que é irredutível, indispensável e inalienável. Uma necessidade que emana da nudez e da vulnerabilidade, e que representa a única forma de exercer a incumbência de viver.

É imputável de crime de competência espiritual todo aquele que se evade da responsabilidade para com a necessidade de cada momento.

O desconhecimento da lei é inescusável.

Precedente adâmico – Jurisprudência de um crime original

(Adão e Eva x Criador)

Os réus Adão e Eva, doravante denominados Adão, são responsáveis por infrações contra sua própria vulnerabilidade e nudez, sendo doravante denominados vítimas. Esse crime estabelece jurisprudência original em fórum da Corte Celestial. O crime é modelar porque viola os dois fundamentos da Constituição Universal em sua forma mais primária: atenta à vulnerabilidade e à nudez.

A infração não se caracteriza pela desobediência.

Adão e Eva não são indiciados por sua transgressão a uma proibição.

A desobediência como exercício do livre-arbítrio é, perante os céus, legítima.

Sua motivação, no entanto, é um ataque à vulnerabilidade na medida em que visa a "igualar-se ao Criador". Comer da árvore representa a tentativa de escapar de sua condição humana buscando o saber absoluto e a imortalidade, o que constitui violação dos artigos 1º a 5º dos Princípios Fundamentais. São esses os artigos infringidos que estabelecem crimes contra a vulnerabilidade, mais especificamente enquadrados como crimes contra a propriedade imaterial e a paz pública, como detalhado a seguir.

Adão é também autuado por atentado à nudez.

Ele é flagrado tentando dissimular sua nudez utilizando folhas de parreira.

Na tentativa de evadir-se do confronto com o Criador, age falsamente. Querer evitar o ônus da transgressão é a infração. Sem ônus não há também bônus, o que caracteriza ato de se eximir da obrigação de viver, o que é crime. Configura assim crime contra o patrimônio e os costumes, infringindo os artigos 6º a 10º.

Princípios nas quatro esferas celestes

Os Princípios Fundamentais podem ser divididos em dois grupos: relativos à vulnerabilidade e à nudez. E estes grupos, por sua vez, se subdividem em duas diferentes esferas de ação: a vulnerabilidade na esfera espiritual e intelectual, e a nudez nas esferas emocional e física.

PRINCÍPIOS QUE RESGUARDAM A VULNERABILIDADE

Esfera espiritual

Todo indivíduo deve viver a própria vida.
Todo poder emana da realidade e não da ilusão.
A integridade só pode ser vivida na condição de fragmento.

Esfera intelectual

Guarda a pausa na dinâmica e o vazio no pleno. Honra tuas fontes de orientação e sentido.

PRINCÍPIOS QUE RESGUARDAM A NUDEZ

Esfera emocional

Não atentes contra a vida rejeitando a totalidade de ti mesmo.
Não perca a pureza de teu foco.

Esfera física

Não renuncies a teus limites, sem eles não podes ser tudo o que és.

Não julgues, pois será jurisprudência sobre ti. Não abdiques do único querer do momento.

Metodologia

Com a intenção de produzir um resultado mais didático, vamos analisar os princípios e seus respectivos crimes, do último até o primeiro, ou seja, do 10º até o 1º Princípio Fundamental. Esta ordem estabelece uma sequência que vai dos princípios mais concretos (físicos e emocionais) até os mais abstratos (intelectuais e espirituais), auxiliando na compreensão dos mesmos. Como ilustração, acompanhe o roteiro que se segue e as respectivas denominações atribuídas a cada crime.

Capítulo I
CRIMES CONTRA A NUDEZ

SEÇÃO I *(ESFERA FÍSICA)*
INFRAÇÃO AOS ARTIGOS 10º a 8º
CRIMES CONTRA O PATRIMÔNIO

SEÇÃO II *(ESFERA EMOCIONAL)*
INFRAÇÃO AOS ARTIGOS 7º e 6º
CRIMES CONTRA OS COSTUMES

Capítulo II
CRIMES CONTRA A VULNERABILIDADE

SEÇÃO I *(ESFERA INTELECTUAL)*
INFRAÇÃO AOS ARTIGOS 5º e 4º
CRIMES CONTRA A PROPRIEDADE IMATERIAL

SEÇÃO II *(ESFERA ESPIRITUAL)*
INFRAÇÃO AOS ARTIGOS 3º a 1º
CRIMES CONTRA A PAZ CÓSMICA

CAPÍTULO I
Crimes contra a nudez

Dos crimes contra a pessoa e contra a vida

Os crimes contra a nudez são os que atentam ao patrimônio (seção I) e aos costumes (seção II).
Respondem por infrações dos artigos 10º, 9º, 8º, 7º e 6º dos Princípios Fundamentais.
São perpetrados por ausência.

O que configura a AUSÊNCIA?
Entenda-se primeiramente o que é PRESENÇA.
A presença é uma condição de inteireza.
Ser inteiro é combinar num dado momento tudo aquilo que somos (nem mais nem menos).
O ser humano se exprime nas dimensões física, emocional e mental.
Este é o corpo humano – a associação que nos mantém vivos, orgânicos.
Estar presente é estar física, emocional e mentalmente num mesmo lugar. É estar incorporado.
Costumamos chamar este lugar de "coração".
Juramos uns aos outros: "É de coração!"

Significa que é sincero, sem camuflagens.

Só lembramos (de cor – de *coeuer*) se algo for experimentado de coração.

Não lembro o que fiz no mês passado, exceto aquilo que fiz inteiro.

Se não lembro, é porque não estive presente.

Cada momento em que estamos presentes contém todos os momentos em que estivemos presentes.

O que são ausências?

As ausências são experiências fragmentadas em que uma ou até duas das dimensões do corpo são inibidas. Esses mecanismos são acionados com o intuito de resguardar o indivíduo.

Se a realidade parece nos exigir algo aquém de nossa capacitação, nós a infringimos e cometemos o delito da alienação (ausência).

Conhecemos a ausência da condição de desmaio. Desfalecer é ausentar-se por incapacidade de lidar com a realidade. Seja por uma dor ou uma insuficiência, nos ausentamos como expediente de sobrevivência e de preservação de nossa integridade corporal.

Esse mecanismo pode atuar de forma ainda mais profunda, ao nos ausentarmos através do coma ou da inconsciência.

E morremos pela mesma razão, pela incapacidade de nos mantermos presentes no corpo. A inviabilidade física traz a falência do corpo; a emocional, através da tristeza, responde pela morte somática do corpo; e a mental, através da loucura e do desespero, é responsável pelo suicídio direto ou indireto do corpo. A morte não é meramente do âmbito físico, mas corresponde à incapacidade do corpo de preservar sua presença, sua integridade.

A ausência é um recurso extremo do corpo e não é em si expediente ilícito.

É o uso deliberado desse recurso como um vício que corrompe e adultera o patrimônio do corpo e que constitui infração diante dos céus.

É, portanto, crime de abuso de recursos legitimamente constituídos para preservar a integridade corporal.

E quais são esses recursos de escape?

São a dor, o medo e a imaginação.

O abuso desses recursos implica contravenção.

A dor é o aspecto físico utilizado ilicitamente para acionar a ausência.

O medo é o aspecto emocional utilizado ilicitamente para acionar a ausência.

A ilusão é o aspecto mental utilizado ilicitamente para acionar a ausência.

Quem por receio da dor se evade de vivências físicas.

Quem por medo da dor emocional foge de encontros e confrontos.

Quem por aversão a inquietudes intelectuais se desvia da realidade por meio de ilusões.

Viola através de "desmaios de conveniência" a obrigação de presença contida no artigo 1º, parágrafo único, incorrendo assim em dolo diante do Criador e é passível de ação perante a Corte Celeste.

A dor, o medo e a imaginação são recursos para permitir a nudez. Na propriedade de seu uso são eles próprios os instrumentos da nudez. Em excesso, se tornam inversamente os inibidores da nudez.

> A ausência é explicada pelo rabino de Kotzk da seguinte maneira:
> Certa vez o rabino viu um homem no Dia do Perdão que se flagelava batendo no peito, pedindo perdão. O rabino perguntou: "Por que você bate tanto?... Não tem ninguém em casa!"

A ausência produz atos externos vazios, destituídos de qualquer sentido.

Os crimes contra a nudez são apresentados a seguir.

SEÇÃO I
Crimes contra o patrimônio

Crimes por não sermos quem somos

Em seus momentos finais de vida, Reb Sussya estava agitado. Seus discípulos, tomados de reverência e temor, estavam perturbados com a agonia do mestre. Perguntaram: "Mestre, por que estás tão irriquieto?"
– Tenho medo – respondeu.
– Medo do que, mestre?
– Medo do Tribunal Celeste!
– Mas tu, um mestre tão piedoso, cuja vida foi exemplar... a que temerias? Se tu tens medo, o que deveríamos sentir nós, tão cheios de defeitos e iniquidades? – reagiram surpresos.
– Não temo ser inquirido porque não fui como o profeta Moisés e não deixei um legado de seu porte... Posso me defender dizendo que não fui Moisés porque não sou Moisés. Nem temo que me cobrem por não ter sido como Maimônides e não ter oferecido ao mundo a qualidade de sua obra e pensamento... Posso me defender de não ter sido como Maimônides porque não sou Maimônides. O que me apavora é que me venham indagar: "Sussya, por que não fostes Sussya?"

Os crimes contra o patrimônio são aqueles que infringem os artigos 10º, 9º e 8º dos Princípios Fundamentais.

Correspondem aos descumprimentos, que são:

10º – O não reconhecimento do querer do momento (cobiça).

9º – O abuso do julgamento e da crítica (falso testemunho).

8º – A intolerância para consigo (roubo).

Todos constituem crimes cometidos por ausência.

E atentam contra o Patrimônio Maior, ou seja, contra a centelha vital.

Infração do artigo 10º

Não abdiques do único querer do momento
(Não cobiçarás a casa, a mulher
ou qualquer coisa do teu vizinho.)

Há desejos maiores dentro dos próprios desejos. Produzimos constantemente uma infinidade de falsos quereres que funcionam como uma ausência. Iludidos pela multiplicidade de "quereres", nos desconectamos do querer do momento.

Esse querer é a manifestação da centelha vital.

É um erro achar que o desejo é a fonte do mal ou mesmo do bem.

O desejo é simplesmente uma fonte.

A má representação da "serpente" como um desejo corrupto confunde aqueles que passam a acreditar que todas as "serpentes" são corruptas. Há serpentes que são probas.

O desejo do momento é simbolizado pelo cajado de Moisés, que se transforma também em serpente. Os magos egípcios produzem o mesmo truque. Mas suas serpentes são falsas. A serpente de Moisés engole as demais demonstrando que são prestidigitações, miragens destituídas de realidade.

Essa serpente é em essência a mesma que incita Adão e Eva.

Novamente o livre-arbítrio exercido a partir do desejo do momento é lícito e apropriado. O problema é que esse desejo lícito pode se multiplicar em desejos ilusórios (falsas serpentes) que não respondem por nossos verdadeiros interesses, mas por outro tipo de agenda.

As cobiças da mulher ou do homem do outro (doravante denominada "mulher do outro"), da casa do outro e do jumento do outro simbolizam sexo, poder e saúde, respectivamente. Esses são os objetos maiores de nossa inveja.

As invejas funcionam através da mágica, como no caso do cajado de Moisés.

Afinal, a inveja é uma forma de ilusionismo: aquilo que você tem fica reduzido, e o que o outro tem fica ampliado. A distância entre o que o invejoso acredita ter e o que o invejado supostamente possui torna-se insuportável. Seu querer parece ficar atrelado ao que o outro tem. A qualquer momento sua serpente pode ser engolida, desmascarada como uma fantasia.

Uma das formas mágicas de adivinhação e ilusionismo é conhecida em hebraico como "nachash" (a serpente). Trata-se de um artifício de "fixação e obsessão".

A pessoa quer tanto que algo aconteça que fica obcecada, não sabendo mais distinguir se o que deseja lhe é adequado ou não. Usa então de todos os truques para descobrir o melhor momento, método e maneira que lhe permita alcançar o que pensa ser seu desejo. A obsessão e a fixação correspondem a pessoas que se apequenam (se ausentam) e que mais se beneficiariam de uma mente e um coração aberto que da tentativa de forçar certos acontecimentos.

A ausência nesses casos ocorre por substituição do desejo do momento por uma fixação ou obsessão. É, portanto, uma inveja que ataca a nudez e a transparência do indivíduo.

Outra modalidade desse delito se caracteriza pelo uso de mágica para dissuadir a si mesmo a não fazer aquilo que sabe ser necessário fazer. Temendo que o resultado não lhe seja favorável por qualquer razão, a pessoa cria "serpentes falsas" de toda ordem para produzir um efeito vacilante. Enredada e procrastinando entre "correto" e "errado", consegue produzir um truque de ausência. A confusão é sempre uma estratégia. O que se faz passar por livre-arbítrio é claramente um arbítrio que não é livre. Engatado em alguma agenda preconcebida, tem compromissos com uma serpente que não é real. A ilusão um dia se revelará e será engolida pela serpente real que se tentou obliterar.

> O vidente de Lublin tinha assumido como prática que não pensaria, falaria ou faria qualquer coisa que não trouxesse alguma satisfação ao Criador. Certa vez, quando foi visitar seu mestre Rebe Elimelech de Lizensk, deparou com uma forte chuva no meio do caminho. Acabou perdendo-se na floresta até que avistou uma casa com as luzes acesas. A porta estava aberta e ele entrou na casa. O ambiente estava bastante aconchegante e sentiu-se aliviado.
> Num dos quartos, porém, deparou-se com uma jovem mulher. O vidente de Lublin não sabia o que fazer, já que tradicionalmente era proibido ficar sozinho com uma mulher. E rapidamente ela deixou clara sua intenção. Foi logo dizendo que era solteira e que não estava em seu período. O rabino ficou bastante perturbado com a sedução e, quando já começava a perder a compostura, lembrou-se do compromisso que havia feito consigo mesmo. "Tomei a de-

> cisão de não fazer nada, nem mesmo o que é permitido, exceto se trouxer prazer a meu Criador. Mas qual a satisfação que meu Criador vai derivar disto?" No exato momento em que esboçou este pensamento se deu conta de que toda a cena diante dele era imaginária. Não havia casa nem floresta nem nenhuma mulher. Estava de pé, sozinho, na estrada.

É importante compreender que essa história não tem a intenção moral de condenar a sexualidade. Muito menos propõe um Criador que possui uma vontade externa e que nos quereria subservientes a um querer que não é nosso. Ao contrário, o que satisfaz o Criador é o que realmente satisfaz o querer do momento da criatura. É no descumprimento desse querer que se originam os litígios.

Em certos momentos, o querer pode se apresentar como sendo da esfera sexual e então qualquer outro querer representará uma serpente ilusória. As serpentes não seduzem pela sexualidade, mas seduzem por qualquer desejo que não seja o desejo do momento. Podem, enfim, seduzir fazendo uso dos mais nobres quereres.

A história se concentra em uma sedução sexual, pois as serpentes sempre se revestirão, seja da "mulher do outro", "da casa do outro" ou do "jumento do outro". Podemos produzir quereres para desvalorizar nosso querer do momento e enaltecer quereres enganosos (invejosos). Essas seduções internas que conduzem à perda de si e à confusão terão sempre a aparência de mulher, casa e jumento.

Afinal, as fixações fazem uso dos próprios desejos comuns ao ser humano. Um querer ilusório tratará sempre de se ocultar como verdadeiro ou como um querer que "satisfaz o Criador".

Justamente por ser da natureza da criatura, o desejo de sexo, alimento, território ou saúde, todas as serpentes, reais e ilusórias, se apresentarão nessas esferas. A mulher representa a esfera sexual; a casa é tudo o que diz respeito a poder, seja sustento ou território (físico ou status); e o jumento, em seu simbolismo arcaico, é o próprio corpo que nos carrega e que por nós é açoitado, representando assim o desejo de saúde.

O querer do momento, se for sexual, será sempre tentado por quereres falsos de poder ou saúde. A função desses quereres falsos é seduzir ou dissuadir do desejo do momento. Se o querer do momento for afirmar seu poder por meio do trabalho, por exemplo, as falsas serpentes se apresentarão como desejos sexuais (descontração) ou de saúde (de preservação de si).

Em suma: os ditos pecados capitais não são pecados absolutos. O desejo por comida, por dinheiro (trabalho) ou por relaxamento não configura em si nem a gula, a avareza ou a preguiça, respectivamente. Muito pelo contrário, podem ser simplesmente a serpente verdadeira daquele momento e que engole todas as demais.

Somente quando o querer verdadeiro por sexo é substituído por fome configura-se a gula. Comer satisfaz o Criador por satisfazer verdadeiramente a criatura, mas a gula é uma fome disfarçada. Somente quando o querer verdadeiro por construção e sustento, por exemplo, é substituído por desejo sexual configura-se a luxúria. E assim por diante.

Os pecados são vícios; são enfermidades do querer. Eles se manifestam pelo desperdício (que pecado!): desperdício do querer do momento.

O vidente de Lublin faz o que quer o Criador como parâmetro para seu próprio querer. Só quando a serpente desse querer maior engole as demais é que ele percebe a miragem do cenário no qual se encontrava.

De pé na estrada, mesmo na chuva, ele tem a si preservado. Mais que isso, ele se dá conta, não precisa de mais nada.

Infração do artigo 9º

Não julgues, pois será jurisprudência sobre ti
(Não levantarás falso testemunho contra teu vizinho.)

JURISPRUDÊNCIAS E PRECEDENTES

Uma vez que os céus não reconhecem o "bem" e o "mal", e menos ainda o "bom" e o "mau", toda classificação nessas categorias é uma jurisprudência imposta por outra agenda que não a celeste.

Qualquer acusação no campo do juízo é produção nossa, terrena.

Quando ouvimos a sugestão "julgue os outros sempre favoravelmente",* não nos damos conta de que a promotoria celeste só pode usar jurisprudência criada pelo próprio réu.

Vamos esclarecer. Digamos que fizemos algo de errado, prejudicial a alguém. Esta não é uma prova qualificada para o júri celeste. Mas se vimos outra pessoa fazer a mesma coisa e a julgamos, então essa peça de direito por nós julgada passa a valer como julgamento para todas as vezes em que agimos de forma semelhante.

Somos julgados por nosso próprio julgamento. Se passássemos pela vida afora sem emitir qualquer julgamento, não pode-

---

* Ética dos Ancestrais (Pirkei Avor), capítulo I.

ríamos ser acusados de nada. Ao julgar, acrescentamos outros itens pelos quais novos processos podem ser abertos contra nós mesmos.

Mas por que esses julgamentos nos enquadram em contravenções contra o patrimônio?

O outro serve sempre como um espelho de nós mesmos. Afinal, vemos os outros mais do que vemos a nós mesmos.

Criticamos e odiamos no outro aquilo que incomoda em nós mesmos.

E, quanto mais emitimos julgamentos sobre os outros, mais exposta fica a severidade do julgamento com que julgamos a nós mesmos.

A busca de culpados evidencia a nossa própria culpa.

A crítica exageradamente severa atenta contra o patrimônio ao machucar a criatura desnecessariamente. Ela produz falsos testemunhos responsáveis por importantes perdas na vida.

A severidade de nossos juízes internos profere as mais pesadas penas – as penas desnecessárias. E estas se constituem em agressões voluntárias que, em última instância, assaltam o próprio Criador e atentam contra o patrimônio.

> Conta-se que o rabino Levi de Berdichev evitava julgamentos e dava sempre prioridade ao benefício da dúvida.
>
> Certa vez deparou-se com um jovem que para desafiá-lo acendeu um cigarro sábado.* Perguntou ao rapaz: "Esqueceste que hoje é sábado?"

---

* A tradição judaica proíbe o uso de fogo no sábado, dia do descanso.

> O mesmo rebateu dizendo: "Não!"
> – Talvez não saiba que é proibido fumar no sábado – disse o rabino.
> – Claro que sim. Eu conheço todas as vossas leis! – reagiu o rapaz.
> O rabino, elevando suas mãos aos céus, disse:
> – Vês, Deus?... Como logrará fazê-los mentir e deixar de ser autênticos!

PRECEDENTES

Bontche x Promotoria

Bontche era uma pessoa extremamente humilde. Vivera uma vida de penúrias, repleta de misérias e desgraças. Mesmo assim, em momento algum questionou qualquer coisa e nunca procurou culpado. Essa conduta lhe valeu o apelido de Bontche, o silencioso.

Quando Bontche morreu e foi enterrado como indigente, chegou aos céus causando grande alvoroço. Nunca antes uma criatura que não houvesse feito qualquer julgamento em toda a sua vida chegara diante do Tribunal Celeste.

O alarido era tão grande que o próprio Criador veio presidir o julgamento.

O anjo promotor não dispunha de qualquer jurisprudência criada por Bontche em toda a vida que pudesse sustentar uma única acusação. E pela primeira vez calou-se.

Não havendo qualquer litígio, o Criador convidou Bontche a se aproximar e lhe disse: "Este é um momento muito especial,

Bontche, meu filho. Tu sempre te calaste diante das provações que a vida te trouxe. Saiba que agora podes pedir qualquer coisa e te será concedido."

"Qualquer coisa?", perguntou Bontche fazendo tremer os céus.

Poderia ele pedir qualquer coisa ao Criador? E se quisesse...?

"Sim", respondeu o Criador.

Bontche repetiu: "Mas qualquer coisa?" O Criador confirmou: "Qualquer coisa."

Esfregando as mãos, Bontche se aproximou do Criador e sussurrou: "Então gostaria de um pãozinho quente com manteiga e um pouco de café!"

Imediatamente os céus se encheram de desapontamento.

Bontche não era simples, mas simplório.

Se, por um lado, o julgamento produz jurisprudências sobre quem julga, abster-se de julgar pode significar ausência. A pequenez de Bontche era reveladora de seu pouco envolvimento com a vida. Sua ausência pode ser um crime contra o patrimônio tanto quanto o envolvimento exagerado e sádico que agride a si próprio. Se o julgamento do outro revela nossas próprias faltas, a justificação do outro revela nossas próprias justificativas.

Ser inteiro preservando nosso patrimônio é conhecer limites e, ao mesmo tempo, ocupar os espaços que nos dizem respeito. Somos tudo o que somos quando não somos nem mais nem menos do que somos. Só assim não há contravenção na matéria do patrimônio.

Infração do artigo 8º

*Não renuncies a teus limites, sem eles
não podes ser tudo o que és*

(Não roubarás.)

O direito de propriedade sobre si mesmo é garantido a todos aqueles que reconhecem a propriedade alheia. Salvaguardar o patrimônio diz respeito a conhecer os limites do que pertence e o que não pertence a nós.

"Não roubarás" pressupõe o estabelecimento de limites e fronteiras que possam referenciar um indivíduo.

É esse limite que garante a função social (cósmica) de nossa existência. O desrespeito a esses limites subtrai, adiciona e transgride o conceito de "sermos tudo o que somos" (nem mais nem menos), preservando assim o patrimônio do nosso ser. A constante reincidência nessa infração pode levar a processos de desapropriação da própria vida.

A única forma de não roubar de si e dos outros é ser "tudo" o que se é. Ser tudo é a única forma de presença possível.

O órgão do roubo é a boca.

No paraíso, o enquadramento de Adão e Eva no artigo 8º acontece quando a fraude passa dos olhos para a boca.

Adão e Eva não percebem que a interdição a um fruto específico é imprescindível à criatura. A interdição é o limite. O limite no paraíso estava confinado a um único fruto. É o ato adâmico que dissemina limites para os quatro cantos da realidade. Não respeitar seus limites instaurou o processo de conhecimento e, ao mesmo tempo, contaminou a realidade de limites e multiplicou as possibilidades de roubo. O fruto do conhecimento é o fruto do limite, e sua semente está hoje em tudo que a mente humana elabora.

Adão se veste tentando recompor seus limites e suas fronteiras que ficaram distorcidas. A vergonha da nudez é não saber onde termina e onde começa o corpo. É um ato de roubo por adição ou subtração.

Os comentaristas que esclarecem o versículo "e comerás e te satisfarás e abençoarás" (Deut. 8:10) apontam que não é o comer que sacia. Podemos comer e comer, e não nos fartarmos. É só a bênção – a plenitude ou os contornos do "todo" – que permite processarmos a satisfação.

O que Adão e Eva perdem é a bênção...

O limite não é de onde emanam as frustrações, como insiste a serpente.

O limite é a condição do prazer.

O limite não é uma punição ou não está atrelado a uma punição.

Esse é o paladar do veneno da serpente que recorrentemente experimentam as crianças filhas de Adão e Eva.

A nascente do roubo está na incapacidade de diferenciar o não querer porque algo é errado ou impróprio do não querer porque haverá uma punição. A culpa diminui essa diferença até que se confunda. Aí se processa o roubo.

O objeto do roubo é sempre si mesmo. A culpa e a vergonha estabelecem o "erro" que *a priori* não existe para o fórum celeste. Ninguém será cobrado no Tribunal Celeste por seus erros. Essa é a mais terrível das descobertas. Erros não condenam, muito pelo contrário, ajudam a estabelecer parâmetros para os limites e podem conduzir à bênção. Podem, em muitos casos, ser até utilizados como argumentos de "vulnerabilidade" pela defesa.

Mas os "erros" produzidos pela culpa e pela vergonha são matéria procedente de acusação. Tal como os julgamentos nos julgam, nossas condenações nos condenam.

As condenações da culpa e da vergonha estabelecem os "erros" celestes que têm mais a ver com o que não se fez do que com aquilo que se fez.

O erro aqui na Terra é sempre relativo ao que se fez, e, entre ônus e bônus, a vida sempre dá conta dos erros em fóruns de competência terrestre.

Já a culpa e a vergonha funcionam no lugar do "e se..." e estabelecem uma ponte com o que não se fez e o que se poderia ter feito. Essas questões nunca poderão ser mitigadas por ônus e bônus na realidade terrestre porque não aconteceram.

O arrependimento é o grande pecado de Adão. Já deste lado da margem do conhecimento, Adão é capaz de produzir transgressões celestes nunca dantes conhecidas no paraíso. Lá no Paraíso, na terra do ônus e bônus absoluto, não existiam ocorrências que carecessem de apelação a instâncias superiores.

Em síntese, Adão rouba de si seus limites.

Desprovido do "tudo de si", se vê flutuando na imensidão do universo.

Diante dele a possibilidade de tudo, quando lhe bastaria o todo.

> Certa vez, coincidiu de o rabino de Apt (o Apter Rebbe) visitar uma cidade durante um período de grande seca. Os rabinos locais declararam um jejum como forma de implorar aos céus por chuva. O Apter Rebbe, no entanto, sentou-se para almoçar como de costume.
> Os cidadãos ficaram furiosos com o desrespeito e foram protestar.
> O Rebbe se explicou: "Vejam bem. Por que vocês declararam um jejum? Para que o Criador perceba o seu sofrimento e se compadeça de vocês e suas famílias enviando chuva. E por que precisam de chuva? Para que suas plantações possam crescer e lhes oferecer o que comer. Mas, se vocês jejuam, mostram ao Criador que podem viver com menos ainda do que têm hoje. Sua atitude prova que a comida não é tão importante, pois podem viver sem ela. Eu, ao contrário, mostro ao Criador a importância da comida. Quem sabe se compadece e envia a chuva."

O autoflagelo é indicativo de culpa. O Apter Rebbe não estava querendo desqualificar os rituais, mas chamar a atenção para o perigo de que estes se tornem celebrações à culpa. No caso desse jejum, acabava reforçando a perspectiva de uma realidade de caráter punitivo, em vez de um caráter limitante. O Apter Rebbe aposta na própria vida, em não lhe suprimir nada justamente como a estratégia para resgatar acesso aos ônus e bônus da mesma, ou seja, à ansiada chuva.

Não roubar significa resistir à tentação de distorcer os limites.

SEÇÃO II
Crimes contra os costumes

Crimes pelo que não se faz

Quando Rabbi Pinhas entrou, seus discípulos pararam de falar. Quando perguntados sobre o que conversavam, disseram: "Rabbi, estávamos comentando o quanto estamos com medo de que o Impulso ao Mal nos persiga." "Não se preocupem", disse o rabino, "vocês não chegaram a se elevar a ponto de que ele os persiga. Por enquanto, vocês é que ainda estão a persegui-lo."

Os crimes contra os costumes são aqueles que infringem os artigos 7º e 6º dos Princípios Fundamentais.

Correspondem aos descumprimentos, que são:

7º – Crimes cometidos por perda de foco (adultério).

6º – Crimes por abrir mão da totalidade de si (assassinato).

Os crimes contra os costumes investem contra a nudez, cerceando um de seus mais importantes elementos, que é a liberdade.

A nudez é a escolha. É a transparência.

É isso que Adão quer ocultar do Criador.

Não entende que, certa ou errada, sua escolha é legítima. A escolha é sempre fronteiriça à infidelidade e ao assassinato. Nada é mais assustador que o livre-arbítrio porque, no ato de exercê-lo, se produz a possibilidade da deslealdade e da violência.

O Impulso ao Mal (*ietser hd-rá*) é a maneira como os rabinos caracterizavam as tentações de falsas serpentes, e corresponde à sombra presente em toda a escolha.

Tememos esse impulso por acreditarmos que nos fará optar pelo mal, em vez do bem. No entanto, o Impulso ao Mal não é o impulso para a má escolha, mas o impulso para fugir da escolha.

É por isso que o Impulso ao Mal tem relevância celeste: quando se manifesta provoca uma ausência.

Os crimes contra os costumes são cometidos por ausência. São, em particular, os cometidos por má tutela e má gerência da liberdade.

Infração do artigo 7º

Não perca a pureza de teu foco

(Não cometerás adultério.)

A infidelidade perante os céus não se confunde com a infidelidade moral de competência meramente terrestre.

Muitas vezes, a infidelidade aos céus pode ser a própria fidelidade moral.

Há vezes em que a obediência significa desrespeito; e a desobediência, respeito.

Há fidelidades de grande perversão e traições de grande lealdade.

O adultério é a troca da liberdade por uma garantia que é sempre menor.

A liberdade expõe a nudez e convida ao risco.

Abrir mão da liberdade pelo consolo da segurança nos veste de vergonha.

O infiel é aquele que não faz.

Rompe o contrato com a vida e com o livre-arbítrio, e fere sua nudez.

Mas Adão faz. Por que seria ele infiel?

Adão faz por Eva; Eva faz por Adão.

É a sexualidade que os mobiliza e os ajuda a optar.*
O desejo é o instrumento da liberdade.
Eles não são desleais para com o Criador: eles escolhem.
Para eles, o problema não é a transgressão à interdição, mas seu arrependimento.
A infidelidade de Adão não é por não fazer.
Ele é nosso herói porque toma seu destino nas mãos e delibera.
Para imediatamente depois abandoná-lo.
É o ocultamento e a vergonha de Adão que expõem sua infidelidade.
É comum o transgressor se fazer presente na transgressão para, logo depois, se fazer ausente em arrependimento.
Adão fez; mas logo depois não fez.
E enquadrou-se no artigo 7º: perdeu o foco.
O infiel é aquele que não faz ou aquele que faz para logo se arrepender e não mais fazer.
A sensação de dívida para com o passado faz com que o arrependido tenha menos presença. E, tal como o infiel que não faz e quer se convencer de que o futuro pode ser como o passado, de quem faz e se arrepende, é infiel por achar que o livre-arbítrio do futuro está atrelado ao livre-arbítrio do passado.
O constrangimento libidinoso de Adão é a prova de que o transgressor livre por seu arbítrio já não é mais livre.

---

* A associação da serpente e do fruto à sexualidade, mesmo que com ênfase maior na tradição cristã, é uma percepção correta das sutilezas e intimidades inferidas daquele momento. Adão e Eva estão maduros para errar e sair de casa. A escolha, o erro e a cumplicidade são manifestações de seu amadurecimento e virilidade.

Uma das maiores preocupações do Dia do Perdão* é libertar as pessoas de seus arrependimentos. As dívidas passadas impedem de honrarmos as responsabilidades do momento. Ficarmos fixados no passado pode ser uma estratégia para evitar os riscos do presente, o que configuraria um atentado à nudez sob a forma de adultério, ou seja, de deslealdade à responsabilidade do momento.

Adão, como todos nós a cada dia que despertamos, é responsável por suas ações, mas o livre-arbítrio de cada manhã é novo.

O Impulso ao Mal não é necessariamente o que impulsiona ao rompimento das interdições.

Ele está mais envolvido com o corromper do que com o romper.

Há muita gente profundamente envolvida com o arrependimento que é vassalo do Impulso ao Mal. Trata-se de um arrependimento que não transforma, mas conforma.

O livre-arbítrio do momento não tem de resgatar nada, mas apenas dar conta de si. Esse é o foco. Adulterá-lo é ficar paralisado pelo temor ao castigo.

A perda de foco – o estado adúltero – é o estado depressivo.

A depressão nos faz perder a nós mesmos. É crime de ausência que incide no artigo 7º, por crimes pelo que não se faz.

---

* Data do calendário judaico na qual se faz uma contabilidade espiritual do ano vivido levando-se em conta, principalmente, os equívocos cometidos em relação ao Criador.

> Rabbi Natan certa vez comentou que o mau impulso faz menos uso de um pecado do que da depressão que se segue ao mesmo. Isso porque através da depressão pode comprometer um indivíduo muito mais seriamente do que através de um mero desvio.

Duas são as reações quando nos sentimos adúlteros: podemos nos sentir sujos ou feios. E qual a diferença entre os dois? "Sujo quer dizer que, mesmo que tenha cometido enganos, ainda assim sou eu mesmo. Posso lavar meu rosto com minhas próprias lágrimas. Mas, se me sinto feio, perdi a minha própria face. E não posso consertar sozinho. Precisarei de uma outra pessoa que chore por mim e me lave com as suas lágrimas." (Shlomo Carlebach)

O estado depressivo de Adão é seu grande crime diante dos céus. Ele não se sente sujo na sua escolha infiel, ele se sente feio. A vergonha de ser feio faz com que oculte sua nudez evadindo-se da responsabilidade por sua liberdade, enquadrando-se assim em crimes contra os costumes.

Infração do artigo 6º

*Não atentes contra a vida rejeitando
a totalidade de ti mesmo*
(Não assassinarás.)

Não extinguirás, aniquilarás ou destruirás a vida – são os ditos crimes contra a vida. Nos códigos terrenos são tratados como crimes contra a pessoa. No Código Celeste são tratados como parte dos crimes contra os costumes. Compreender essa diferença é fundamental. Os tribunais celestes não penalizam os assassinos por tirarem a vida da vítima. A violência, as lesões ou mesmo o homicídio são prerrogativas do livre-arbítrio. Toda morte é parte do jogo da vida.

Por mais frustrante que possa ser aos esperançosos por uma derradeira justiça punitiva capaz de reparar qualquer possível impunidade, a justiça celeste é sempre restitutiva. Porém, o sujeito à restituição não é a vítima ou seus representantes, mas a própria vida naquilo que o perpetrador defraudou de si mesmo.

A moral terrena estabelece a medida de horror e a apropriada penalidade por homicídio na medida de sua preocupação pelos direitos pessoais. Prescreve penas aos ditos: homicídio simples (matar alguém involuntariamente), culposo (por negligência ou incompetência) ou qualificado (por motivos torpes, fúteis ou emboscada).

Já a instância celeste não reconhece qualquer legitimidade à moral ou o que é justo nas relações entre as criaturas. O assassinato é em si uma possibilidade do livre-arbítrio. As responsabilidades celestes não se ocupam da extinção da vida do outro, mas da vida do próprio agente dessa escolha.

Normalmente, a ideia inversa é apresentada pelas religiões ou mesmo pela cultura. Postulam que o fim da impunidade pelos males causados aos outros se processará justamente no tribunal celeste. Não é bem assim. As cobranças serão sempre relativas ao próprio indivíduo e sua responsabilidade básica com a nudez e a vulnerabilidade.

Em fórum celeste não existem os ditos homicídios simples nem os culposos. Porque a proibição não é de matar, seja involuntariamente ou por necessidade. Os assassinatos acolhidos como infrações do fórum celeste serão sempre qualificados.

A qualificação não é pela maldade ou malícia ao outro, mas porque responde por escolhas não feitas ou por assassinatos de possibilidades. Todo assassino ou mesmo toda violência se origina na ilusão da falta de outra opção. É na inexorabilidade de seu ato que o assassino demonstra a sua incapacidade de perceber escolhas a ele disponíveis. Sua ausência é crime por algo não feito – uma livre escolha.

Todo assassinato se inicia numa morte interna pela negação de aspectos de si que constituem pequenos suicídios. Na verdade, todo assassino é um suicida. Matar o outro é escapar de perceber-se matando a si mesmo.

Quando dizemos "estou morrendo de raiva", queremos dizer "gostaria de matar alguém de raiva". Quando matamos alguém por raiva, estamos simultaneamente eliminando um aspecto de nós mesmos que assassinamos. O crime mais qualificado de todos é, portanto, o próprio suicídio. Nele mata-se, na realidade, para não morrer. Tão reduzida fica a possibilidade de escolha que o suicida "opta" por não ter mais que escolher. Essa "opção", porém, é o extremo da ausência e a mais absoluta rejeição à nudez e à vulnerabilidade.

ATENUANTES

O aumento ou a redução de penas se dará independentemente da violência ou do impacto do crime sobre outrem.

A redução se dará por conta da carência real de opções. Cada pessoa dispõe de distintos recursos fornecidos pela vida através de suas experiências e afetos. Esses recursos explicam as diferentes opções que oferecem alternativas à aparente inevitabilidade de se assassinar.

Considere-se, por exemplo, dois irmãos que compartilharam da mesma casa e educação, mas que respondem de forma radicalmente distinta. Um pode assassinar uma pessoa, e outro não. Mas não é necessariamente verdadeiro que o assassino será levado à Corte Celeste. Vai depender das reais opções que ele disponha no momento. Se foram poucas, lhe caberá atenuante penal. Mas nada garante que o irmão, inocente na justiça terrena, não possa ser levado ao tribunal celeste sob a mesma acusação de assassinato. Caso a amplidão de suas opções seja grande o suficiente e ele tenha negado aspectos essenciais do conteúdo de sua consciência, pode ser enquadrado em crimes de homicídio sem nunca ter chegado a manifestar esses aspectos reprimidos através do assassinato de outro ser.

O próprio suicida pode estar numa condição de pouca ou, em alguns casos, nenhuma escolha. Nessa situação ele não se ausenta porque, por definição, não está. Que situação é essa? Casos de depressão profunda por disfunções físicas ou patologias psíquicas graves não caracterizam suicídios. Esses indivíduos morrem de causas naturais que, apenas por acaso, são efetivadas pelas próprias mãos. Nesse caso, não são agressores da nudez e vulnerabilidade, mas manifestações dos mesmos.

PRECEDENTE

Caim e Abel fazem oferendas ao Criador. A oferenda de Abel é acolhida pelo Criador; a de Caim, por sua vez, não. O semblante de Caim se transtorna. O Criador se dirige a Caim e diz: "Por que tens teu semblante transtornado? Atente porque, se te aperfeiçoares, darás conta de teus sentimentos; caso contrário, o *pecado* ronda a tua porta e teu desejo (o falso) estará diante de ti; mas tu podes dominá-lo." (Gênesis 4:3-7)

Caim não se aperfeiçoa e assassina Abel.

O *pecado* nada tem a ver com tirar a vida de Abel. A palavra *pecado* é sempre indicativa de uma falta entre a criatura e o Criador, ou seja, responde por algo não feito ou, mais precisamente, por evadir-se de exercer seu livre-arbítrio.

É verdade que Caim também não foi passivo e age tal como Adão, seu pai. Por que então não teria ele feito uso do livre-arbítrio? O Criador alerta que o "desejo ronda a tua porta". Não se trata do desejo real, mas de um desejo transferido, menor e ilusório. Esses desejos não oferecem a possibilidade de escolha e, portanto, são desejos da ausência.

Quando um bebê deseja mamar ao peito materno, ele chora. No entanto, se a mãe demorar a atendê-lo para além de um tempo suportável, pode acontecer de o bebê ter dificuldades de mamar. Seu ódio se faz tão grande que, se a mãe não buscar apaziguá-lo primeiramente, o bebê não conseguirá mamar.

Ora, o desejo do bebê que era originalmente o de mamar ficou transferido para a mágoa. A mágoa expressa algo real, um sentimento real, mas não o desejo verdadeiro. Como se o Criador interviesse e dissesse: "Tenha calma, bebê, o pecado ronda a tua porta... mas podes dominá-lo."

Para poder se aperfeiçoar e retornar a seu desejo real ou à possibilidade de escolha, o bebê tem de perder algo grande. Por isso se trata de um "perdão" – uma perda de tal grandeza que às vezes se torna inaceitável, como no caso de Caim.

Caim nada ganha com a morte de Abel, nem o bebê com o seu ódio que não quer trocar pela amamentação. Se permitissem ao ódio se expressar ou se buscassem se aquietar diante do verdadeiro desejo do momento teriam dominado o falso desejo (de matar) e voltariam a se deparar com a possibilidade da escolha.

Como Adão, Caim é presa do desejo falso. E, quando perguntado sobre seu irmão, como no caso de Adão, Caim dissimula e expõe sua vergonha e sua culpa. Configura-se o flagrante que permite instaurar um processo celeste.

DO ENQUADRAMENTO

Caim e nosso bebê realizam seu pecado na troca do prazer (o verdadeiro desejo) pelo alívio (o falso desejo). A busca do prazer colocaria nossos réus diante de seu livre-arbítrio e não incorreriam em contravenção de ausência.

É importante perceber que a ilusão está em achar que o alívio é o desejo imediato, do momento. O alívio – a acomodação – no sentido mais amplo é a própria morte. Faz confundir o desejo do momento com o imediatismo. O desejo do momento é um desejo pleno da possibilidade de prazer, pois está em relação direta com o risco. Já o imediatismo é a redução de todas as possibilidades a uma única e falsa promessa – o conforto. E para o promotor celeste e sua equipe, este é material procedente de ausência em primeiro grau.

O prazer (por exemplo, na relação sexual) não é o alívio. O alívio é o estágio final do prazer quando o querer do momento foi atendido. É uma sensação e não um desejo. A fantasia de que o objetivo é este alívio representa o conforto que precede a escolha. Afinal, a escolha, como o prazer e a vida, é o contrário de conforto. Escolha, prazer e vida estão num lugar de sagrado desconforto. Não há atalhos, mas apenas o caminho de usufruir desses desconfortos, razão maior de nossa própria existência.

Tudo o que é vivo produz dinâmica, ou seja, movimento e mudança, e, em última análise, desconforto.

TODO AQUELE QUE TROCA O PRAZER PELO ALÍVIO RESPONDE POR CRIME AOS COSTUMES – POR CRIME À LIBERDADE.

CÓDIGO PENAL CELESTE 73

> Um padeiro estava na rua vendendo pães doces quando um brincalhão se aproximou e disse:
> – Quanto custaria se quisesse comprar todos os seus pães?
> – Dez coroas – respondeu o padeiro.
> – Então – desafiou o brincalhão –, eu compro todos com a condição de que você os coma.
> Quando o padeiro terminou de comer o último pão, o brincalhão saiu correndo sem nada pagar. O padeiro ficou em situação difícil porque de nada adiantava gritar por ajuda. Do que poderia reclamar? Ele mesmo havia comido os pães e ele mesmo tinha causado seu próprio prejuízo.
> O Maguid de Dubnov comentou: "O mau impulso sempre nos engana desta forma: oferece-se para realizar nossos desejos fazendo com que nós mesmos cometamos os crimes e que paguemos todos os custos."

Todo assassino é como esse padeiro. Mata com uma expectativa que desaparece e o deixa com todos os custos. Pior, o outro que ele achou que pagaria o custo da perda é, na realidade, ele mesmo. Realizou, portanto, um assalto a si próprio.

CAPÍTULO II
Crimes contra a vulnerabilidade

*Dos crimes contra a verdade
(seção I) e a pertinência (seção II)*

Os crimes contra a vulnerabilidade correspondem às infrações aos artigos 5º, 4º, 3º, 2º e 1º dos Princípios Fundamentais. São perpetrados por controle.

O que configura o CONTROLE? Entenda-se primeiramente o que é DESCONTROLE. O descontrole é uma condição de inteireza. Aos seres vivos ou mesmo aos demais componentes da Criação é dado um certo controle. Esse controle está diretamente vinculado a uma função.

Qualquer outro controle para além de nossa tarefa não só é ilusório como é disfuncional. A busca por controlar mais do que o pequeno quinhão que nos cabe não só resulta em frustração como nos rouba o pequeno controle de que dispomos.

O descontrole é fundamental porque nos define como parte e não como todo. Se a criatura controlasse o todo, perderia sua característica essencial e se dissiparia no Criador. A manutenção da vida depende primordialmente do descontrole.

Por um lado é o descontrole que dá contornos a cada item da Criação, da mesma maneira que, por outro, lhe dá forma o pequeno quinhão de controle do qual dispõe.

Quem não controla o quinhão que lhe é cabido ou não respeita o descontrole que lhe toca, verdadeiramente não é.

A vulnerabilidade é essa condição permeável da criatura, essencial para sua existência. É essa vulnerabilidade que permite a conexão entre tudo o que existe e acaba por criar uma rede interconectada de distintas funções que não se confundem jamais.

A função de cada item da Criação é única. Esse é o aspecto, a fagulha de semelhança entre criatura e Criador. São um.

A criatura é um como parte; o Criador é um como tudo. Todo controle, por ínfimo que seja, de cada item da Criação emana dessa realidade de ser único. O Criador que tem controle pleno distribui controles através da especificidade singular de cada item da Criação.

Se não sou singular (como veremos adiante em Crimes por Repetição), perco o meu quinhão de controle e anulo minha função na Criação.

A vulnerabilidade de cada um é parte essencial de sua identidade cósmica. Muitos são os que na busca por controlar perdem essa identidade, fazendo-se anônimos e disfuncionais.

Quem por insegurança busca controle das relações afetivas (não honrar pais),

Quem por ambiguidade busca o controle do tempo (não guardar o sábado),

Quem por suspeita busca controle da morte (nome em vão),

Quem por dúvida busca controle da realidade (mágica, ídolos)

E quem por desconfiança busca controle da Criação (só há um Criador)

Viola a obrigação de viver sua própria vida contida no artigo 1º, parágrafo único, incorrendo assim em dolo perante o Criador e fica passível de ação perante a Corte Celeste. A insegurança, a ambiguidade, a suspeita, a dúvida e a desconfiança são prerrogativas legítimas na preservação da integridade de nossa vulnerabilidade.

Na propriedade de seu uso são eles próprios os instrumentos da vulnerabilidade. Em excesso, se tornam, inversamente, os inibidores da vulnerabilidade.

SEÇÃO I
Crimes contra a propriedade imaterial

*Ou ditos crimes à criatividade e à
propriedade intelectual da Criação*

É crime contra a propriedade imaterial todo comportamento que utiliza a consciência e o intelecto para inibir a vulnerabilidade da vida.

A árvore da vida está plantada num solo de inteligência e intenção metafísicas do qual somos expressão. Os DNAs, por exemplo, são manifestações da seiva retirada desse chão fértil de intuitos e finalidades basais. Fazer uso da inteligência humana para se contrapor a essa inteligência matricial que estrutura toda vida constitui crime. A imposição de uma agenda pessoal marcada pelo desejo de controle caracteriza-se como crime por obstrução à vulnerabilidade.

Correspondem ao descumprimento dos artigos 5º e 4º dos Princípios Fundamentais:

5º – Honra tuas fontes de orientação e sentido (ancestralidade).

4º – Guarda a pausa na dinâmica, o vazio no pleno (sábado).

Todos constituem crimes cometidos por controle.
Atentam ao processo criativo da Criação, ou seja, a seu Patrimônio Imaterial.

Esta era a prece preferida do rabino Michal, que a repetia constantemente:

Faz com que não me sirva de minha razão contra a verdade!

Infração do artigo 5º

Honra tuas fontes de orientação e sentido

(Honra teu pai e tua mãe.)

Honrar os pais (artigo 5º) é mais amplo do que os pais biológicos. Os pais são o nó que une nosso galho ao corpo da Árvore da Vida. Mas honrá-los não significa render honras a uma supermãe/pai.

Essa conexão com a história pregressa é de onde nos nutrimos de orientação e de sentido para crescermos e cumprirmos com nossa função na existência.

Honrar os pais é não se perder da Criação.

A Criação em si não é um ato do passado, mas, como uma árvore que cresce, é uma rede de vida e existência que está permanentemente criando. Essas criações constantes são apêndices que abrem seus galhos em direção aos céus, alimentados pelas raízes que sustentam essa estrutura.

Honrar os pais é NÃO ser como eles.

Imitá-los, portanto, é negar o compromisso com a criatividade e a natureza transformadora da vida.

Quem imita os pais, ao contrário do que poderia parecer, perde função e incorre em crimes à vulnerabilidade. Querer ser igual é um ato de controle e inibição de descontrole.

Buscar repetir o que nossos pais fizeram ou são é crime contra a criatividade prevista nos crimes de repetição e plágio. A repetição atenta contra o livre-arbítrio na medida em que o indivíduo se esquiva de escolhas. Nossa função na vida e na Criação é fazer essas escolhas. Nada mais tem sentido, razão pela qual devemos estar sempre conectados à árvore.

PRECEDENTE

Adão não apenas quis comer da árvore; quis comer a árvore. Por ser o mais avançado galho da árvore, Adão acha que a árvore culmina nele. Em vez de ser parte da Propriedade Imaterial ou da Árvore da Sabedoria, quis controlá-la supondo ser seu mais nobre produto.

Seu engano é perder a conexão com o processo da árvore para o qual o gomo ou galho mais recente não é o último, mas apenas a base para o próximo. A escolha de Adão é por controlar e deter o processo da árvore. Assim poderia resguardar a si, repetindo-se e fugindo dos processos criativos que são, ao mesmo tempo, desconfortáveis e cheios de riscos.

Adão não honrou seus pais (a árvore). Quis sê-los e acabou difuso e confuso.

Portanto, honrar os pais é não ser eles próprios, mas dar continuidade ao meio que eles foram.

É verdade que, à medida que amadurecemos, nos reconhecemos cada vez mais em nossos pais. E não poderia ser diferente, pois nos tornamos mais e mais os alicerces para os novos galhos.

Mas, para sermos legitimamente como nossos pais e não infringir os códigos do Patrimônio Imaterial, é necessário, primeiramente, que nos façamos diferentes deles. Só podemos ser iguais se já fomos diferentes deles. Caso contrário, jamais seremos como eles.

> Vieram cobrar do rabino Dzikover o motivo pelo qual ele diferia dos caminhos de seu pai, que fora o fundador de uma dinastia de rabinos. Ele respondeu: "Não é verdade. Eu faço exatamente como o meu pai: ele nunca imitou ninguém e eu também nunca imitei ninguém. Somos iguais!"

Honrar os pais não é um artigo que enquadra unicamente os filhos. Os pais também devem honrar "os pais". Há pais que são trazidos a litígios celestes por não honrar os pais. São os ditos Crimes de Manipulação (§ 2) e Crimes contra o Privilégio da Invenção (§ 3).

Toda vez que os pais manipulam seus filhos ou lhes cerceiam iniciativas e invenções estão realizando atos de controle, que ferem a vulnerabilidade.

Querem controlar para si, mesmo que dissimulem isso com um discurso de que querem controlar para os filhos. Muitas vezes, os anseios dos pais para com os filhos são anseios para consigo próprios disfarçados.

Tal como Adão, em vez de se perceberem como um meio e se nutrir da árvore, anseiam comer a própria árvore. Devoram assim a seus filhos para evitar a vulnerabilidade do processo da vida. Pais e filhos aí se perdem e não honram a conexão com seus fundamentos. Obstruem assim a sua autenticidade e o seu projeto, abrindo mão de seu privilégio de inventar-se continuamente.

ATENUANTE

No encadeamento das gerações e dos galhos da Árvore da Vida, a responsabilidade pelos crimes é daquela geração que perpetrou contra a criatividade e a vulnerabilidade.

Muitas vezes, como mencionamos, os filhos sofrem de coação irresistível e se comportam tomados por uma cobrança violenta por obediência hierárquica. Nesses casos, só são condenáveis os autores da coação.

O crime por desonra dos pais em fórum celeste é um crime praticado mais por indivíduos na condição de pai e mãe do que na condição de filho.

A iniquidade dos pais não será visitada aos filhos – diz a Bíblia.

As faltas dos pais ao coagirem seus filhos de forma subliminar ou explícita conferem aos pais responsabilidade pelas infrações dos filhos.

Tratar-se-ia de um "carma" às avessas. Não herdaríamos pecados dos pais que não tenham sido redimidos. Ao contrário, seriam os próprios pais que se enredariam em litígios celestes por coações que tenham levado seus filhos a sonegar seu livre-arbítrio.

Infração do artigo 4º

Guarda a pausa na dinâmica, o vazio no pleno
(Lembra o dia do sábado.)

Constitui crime de controle e obliteração da vulnerabilidade a tentativa de encerrar o processo da vida no próprio indivíduo. A Árvore da Vida é a manifestação de um processo que a própria árvore desconhece. Não é dela que emana a vontade que a estimula, mas do solo fértil no qual está plantada. Assim sendo, qualquer tentativa de tomar consciência da vida de forma absoluta é um ato de obstrução. A vida é apenas um canal para a seiva desse desejo que emana do solo.
A vulnerabilidade precisa das pausas e dos vazios.
Quando dormimos nos vulnerabilizamos na pausa diária. Quando guardamos o sábado, nos vulnerabilizamos na pausa semanal.

Há vulnerabilidades na escala mensal (feriados prolongados); na escala anual (férias); na escala sabática (a cada sete anos); na escala das grandes transições (crises, meio pausas ou menopausas) e na grande pausa ou no grande vazio (na morte) que nos vulnerabiliza acima de qualquer outro. A tentativa de obstruir essa vulnerabilidade dirá respeito a crimes praticados contra a paz cósmica.

Neste artigo 4º, o crime é de controle do aspecto criativo que as pausas e os vazios possibilitam.

Dormimos um terço de nossas vidas e acreditamos que só o que acontece de manhã ao despertarmos é real. O sono e os sonhos são tão reais como o real da vida desperta. Temos um pesadelo e acreditamos ao acordar que foi tudo uma fantasia. Acendemos as luzes e os "monstros" desaparecem. Não é bem assim. Apagamos as luzes e descobrimos que a noite não é apenas o esconderijo do que não é. Muitas vezes, ao contrário, a noite revela claramente o que na claridade do dia se oculta.

A criatividade e a vulnerabilidade da vida não estão nem no dia nem na noite, nem na ação nem no descanso, nem no que é sólido nem no que é vazio, mas na sagrada costura desses pares.

O sagrado do sábado, do *shabat*, não é o descanso em si, mas o ritmo mágico do trabalho ao descanso e ao trabalho novamente. É essa entrada e saída que é sagrada.

A pausa e o vazio são restrições importantes para qualquer essência que seja parte de um processo e não um fim em si mesma. Nossa criatividade e saúde – a tarefa de dar prosseguimento à Árvore da Vida – só são possíveis se formos um meio à vida e não nos outorgarmos o direito de controlá-la.

A insônia é o desequilíbrio mais simbólico de querermos tomar posse do tempo. É verdade que o tempo se confunde com a seiva da vida, mas o tempo é apenas um ambiente para a realização do crescimento da árvore.

Nosso imediatismo e nossa objeção às pausas evadindo-nos dos sonhos, dos sábados, dos feriados, das férias e da morte impedem a criatividade que é essencial ao livre-arbítrio. Sem criatividade a liberdade pode existir, mas os arbítrios se reduzem ou até mesmo se dissipam. Sem termos o que decidir, nos colocamos ao largo da vida.

É crime de falsificação ideológica auferir poderes e controles sobre o que não se tem. Sempre que a sobrevivência tiver supremacia sobre o viver ou a vida do galho se tornar mais relevante que a da árvore ou se der precedência ao órgão em vez do orgânico, haverá dolo ao Patrimônio Imaterial.

Sem as pausas há apenas ilusão de dinâmica; sem os vazios há apenas ilusão de continuidade; sem os silêncios há apenas ilusão da música; sem a luz-transparência há apenas ilusão da cor.

O desrespeito a isso (ao sábado e às pausas) infringe o parágrafo sobre Crimes de Concorrência Desleal (§ 4) já que o insone, o produtivo incessante e o imediatista sufocam a Árvore da Vida como parasitas. Numa concorrência desleal que evita a vulnerabilidade, ocasionam a má distribuição da seiva vital trazendo obesidade a vários galhos (que rompem sob seu próprio peso) enquanto outros minguam à extinção.

> Um rico sabidamente mesquinho visitou seu rabino.
> Este de imediato o levou para a janela e perguntou: "O que você vê?"
> O rico respondeu: "Vejo as pessoas caminhando pela rua."
> Imediatamente o levou até um espelho e repetiu a pergunta: "O que você vê agora?"
> – Vejo a mim mesmo – disse o rico com obviedade.

– Pois é, meu amigo. Na janela há vidro e no espelho há vidro. Mas o vidro do espelho é recoberto com uma fina camada de prata. No momento em que a prata aparece, você cessa de ver os outros e só vê você mesmo.

A transparência é apenas um aspecto da vulnerabilidade. Tudo na vida é poroso – aberto e fechado, nunca só aberto ou só fechado.

Sem vulnerabilidade, a vida decresce e a criatividade e a liberdade diminuem, constituindo crime à criatura e, portanto, de instância celeste.

A supressão das pausas e vazios é um ato ilícito da consciência e do intelecto para inibir a vulnerabilidade da vida.

SEÇÃO II
Crimes contra a paz cósmica

Ou ditos crimes contra a verdade ou contra o Criador

São crimes contra a paz cósmica todos aqueles que se utilizam da fé e da necessidade de "sentido" para investir contra a vulnerabilidade da vida.

São crimes contra a criatura que se dissimulam como crimes contra o Criador.

"Aquele que é falso e mente não poderá enfrentar os meus olhos."

(SALMO 101)

O rabino de Bratslav comentou:

O impulso ao mal é como um menino travesso que tenta seus amigos instigando-os a adivinhar o que tem na sua mão fechada. Cada um dos amigos adivinha que a mão oculta aquilo que particularmente desejam para si. Mas, quando a mão é aberta, não contém nada!

Os crimes contra a paz cósmica são aqueles que infringem os artigos 3º, 2º e 1º dos Princípios Fundamentais.

Correspondem aos descumprimentos, que são:

3º – Crimes cometidos ao nos tomarmos como absolutos e não como fragmentos (tomar o Nome em vão).

2º – Crimes por atribuir poder às ilusões (não terás outros deuses, imagens).

1º – Crimes por não viver a própria vida (eu sou teu Deus).

Todos constituem crimes cometidos por desejo de controle e atentam contra a vulnerabilidade da vida. São os crimes cometidos por má tutela e má gerência da fé e do sentido.

Infração do artigo 3º

A integridade só pode ser vivida na condição de fragmento
(Não tomarás o nome de Deus em vão.)

A vida é um fragmento.

A Ética dos Ancestrais (Pirkei Avot) define bem essa dimensão de fração:

"Não é tua obrigação concluir o trabalho; mas, ao mesmo tempo, não podes te desobrigar dele."

Ser parte de um processo equivale a sustentar esse aparente paradoxo de desobrigação e obrigação. Na verdade, essa é uma definição da vida não como uma entidade, mas como uma função.

Nada em nós é absoluto. Essa é a plataforma sobre a qual se sustenta a vulnerabilidade.

O dolo maior de Adão é querer comer da Árvore da Sabedoria – a Árvore do Bem e do Mal – com a intenção de alcançar o absoluto. Sua motivação ao desfrutar do proibido é separar o Bem do Mal. Se Adão tem acesso ao Bem separado do Mal, vislumbra a si não como um fragmento, mas como absoluto.

Mas a árvore não é a Árvore do Bem *ou* do Mal, mas a Árvore do Bem *e* do Mal. Para a vida essa árvore representa a mistura e não a segregação dessas duas essências.

O que Adão fez foi inaugurar a sombra como uma entidade arrancada do objeto que lhe dá origem. Nascem nesse momento o impulso ao mal e o desejo de ser bom. Nada é mais pernicioso do que o desejo de ser bom. "Ser bom" é almejar ser invulnerável. É crime ser "bonzinho", e o fórum celeste terá graves acusações aos que tentam exorcizar o mal de si para dele garimpar apenas o bem e se tornarem senhores bons.

> Dizia o rabino Nahum de Tchernobil:
> Temo mais minhas boas ações que me deixam em paz do que minhas más ações que me atormentam.
>
> Certa vez um discípulo comentou com o rabino de Ger:
> "Como podem as pessoas ter pecado com o Bezerro de Ouro logo após Deus ter feito o milagre de abrir o Mar Vermelho e ofertar-lhes as Escrituras e a Revelação?"
> O rabino respondeu: "Nunca te ocorreu que os pecados deles tinham uma qualidade superior ao que hoje consideramos como nossas boas ações? É de seus erros que a Tora (as Escrituras) se compõe e eles que nos servem de inspiração."
>
> O Gaon de Vilna dizia: "Não há rebbe – mestre – mais importante que os nossos erros."

A bondade é a matriz da intolerância. Por ela queremos falar em nome do Criador e não é de se estranhar que todas as grandes perversões estejam associadas a querer ser bom. A incapacidade de aceitar-se como "fração" e, portanto, por definição, com sombras e aspectos inacabados, é crime de grande gravidade.

As ideologias e teologias da bondade, aquelas que quiseram exorcizar suas sombras, levaram às maiores atrocidades já praticadas na história. Mas os céus não julgam essas atrocidades. Ninguém que as cometeu é condenado em instância celeste a não ser pela negação que realizou de sua própria vulnerabilidade.

ATENUANTES

Mas aqueles que se percebem maus estão capacitados a realizar o bem. No momento em que voltam a misturar seus vícios e méritos, que começam a visualizá-los sem dissociação, se reaproximam da Árvore do Bem e do Mal (em oposição a Bem ou Mal).

Os méritos perante os céus nunca são tidos como valorosos em si, absolutos. Nenhum mérito cabe ao ser humano. Mérito é sempre a capacidade de aperfeiçoar seus erros. Todo mérito começa pelo erro e pela aceitação do mesmo.

O remorso é muitas vezes um sinal de autorrejeição. O martírio por ter feito algo errado ou equivocado é denotativo da dificuldade de se aceitar. Só há retorno à vulnerabilidade quando não rejeitamos o que fizemos e o que pensamos e quando aceitamos por onde nossa trajetória de vida passou.

> O Maguid de Dubnov contava a seguinte parábola:
>
> Um rei possuía um raríssimo diamante, dos mais puros já vistos. Aconteceu, porém, que a pedra um dia apareceu arranhada. O rei, bastante contrariado, contratou os maiores joalheiros do reino, mas nenhum conseguiu retirar o arranhado. O rei ofereceu uma grande recompensa.
>
> Passado algum tempo, um joalheiro que veio de longe se dispôs a enfrentar o desafio e conseguiu resolver a questão.
>
> O que ele fez? Ele gravou a forma de uma flor na pedra aproveitando o arranhado como parte do desenho.
>
> Só há como resgatar a preciosidade da pedra se lhe incorporamos os seus arranhados.

O "bom" é normalmente condenado não pelas crueldades que fez aos outros, mas pela intolerância a si e pela tortura de sua própria criatura, lesando o Criador.

A humildade é o acolhimento de nossos erros sem martírios ou remorsos. É simplesmente o resgate da condição de fragmento e a restituição da vulnerabilidade roubada pela "bondade".

Essa "bondade" usa o nome do Criador em vão tentando fazer com que o ser humano busque verdades que lhe são inalcançáveis, quando tudo o que este pode e precisa é sinceridade e honestidade.

O "bom" (que usa o Nome em vão) perturba a paz cósmica obstruindo a vulnerabilidade e roubando ao indivíduo sua condição de identidade e de fragmento.

Infração do artigo 2º

Todo poder emana da realidade e não das ilusões
(Não terás outros deuses...
Não farás imagens e não te curvarás a eles.)

Outra forma de evasão de nossa vulnerabilidade é através da falsidade ou da mentira. A mentira tenta contornar nossas fraquezas e nossos limites apresentando uma versão melhor, de maior bondade e grandeza de nós mesmos.

A esfera celeste não está obviamente preocupada com qualquer dimensão moral da mentira. Se a mentira faz o mal, é irrelevante aos céus, importando-lhe apenas o crime contra a vulnerabilidade do próprio indivíduo.

Ou o ser humano é regido pela verdade e pela paz ou pela falsidade e pelo conflito.

É isso que o segundo artigo expressa com a ideia de não termos outros deuses e não nos curvar a imagens da irrealidade.

Ter outros deuses não é uma ofensa a um Criador ciumento, mas revela o grau de distorção da realidade e a desorientação em que nos encontramos.

Segundo o rabino de Kotzk, nada se pode aprender até que se tenha maestria sobre a mentira. Na realidade, a verdade só se coloca ao alcance do ser humano quando este se dissocia da mentira.

Dizia o rabino: "Eu poderia aconselhá-los no que tange a importantes segredos da vida, mas não posso fazê-lo até que tenham domínio sobre suas palavras e possam forçá-las a dizer unicamente a verdade. Caso contrário, como saber se seu serviço é incondicionalmente verdadeiro? Quando tiverem abdicado da falsidade, só então vocês terão facilidade em abandonar qualquer outro hábito que lhes seja indesejável."

Mentir é um ato de controle e de ataque à vulnerabilidade. Nasce do desejo desenfreado de agradar e preservar-nos de nossos próprios limites e equívocos.

O maior custo da mentira é que de "sujos", de delitos, nos tornamos feios, delinquentes. A mentira nos faz esquecer que nunca somos tão perversos como somos capazes de nos imaginar. Que não somos de todo infiéis, mas fiéis a outras coisas que não conseguimos admitir.

Quando Adão é flagrado, ele mente. Mente usando a mente. "Não fui eu", diz ele tentando fugir da punição e abraçando-a simultaneamente. A punição é não poder olhar mais o Criador nos olhos. Ou melhor, é não poder olhar a si mesmo nos olhos.

Em sua mentira se revela uma visão de si que é exageradamente cruel. Ele tem de se esconder e se vestir de vergonha para fugir da punição. Mas a vergonha, mais do que crime, é punição. Sua desobediência não é infiel, seu mentir sim. Adão se punia em excesso. Ele não havia sido um pecador ou um infiel em seu ato de desobediência, mas o era em seu ato de mentir.

Adão não era infiel porque estava sendo fiel a outra coisa.

Essa outra fidelidade não era um outro deus. Adão queria conhecer seus limites como uma criança faz travessuras. Sem travessuras não há maneira de se relacionar, de se aproximar dos limites do outro e conhecê-lo na intimidade. Por outro lado, sua mentira sim é uma infidelidade idólatra. Na mentira nunca há fidelidade, mas apenas a obsessão com uma regra infringida ou a ser infringida. O mentiroso é um aprisionado à culpa e, como Adão, desperdiça a oportunidade de viver (de ter presença e real controle) tolerando outras regras e fidelidades que cumpriu ao desrespeitar.

Adão sai de sua própria história. A expulsão é sancionada pela folha de parreira que já o expulsara de si mesmo. Por onde andasse não mais seria um paraíso.

O resgate de Adão no texto de Gênesis acontece com Abraão.

Quando o Criador interpela Abraão no episódio do sacrifício de seu filho Isaque, sua voz resgata o medo arcaico de Adão. Abraão deve ter sentido o mesmo impulso à mentira que experimentou Adão.

"Pega o teu filho, teu único filho que tanto amas, e oferece-o em sacrifício", foi o que ele ouviu através de uma voz indistinguível entre a voz do Criador e a voz de sua consciência.

Para não se perder em ilusão e idolatria, Abraão tem de oferecer aquilo que ele mais ama, mais quer. Seu filho é sua idolatria. O amor ao menino e a expectativa em sua descendência ameaçam a capacidade de Abraão ver o Criador olhos nos olhos. Ou melhor, ver a si mesmo olhos nos olhos. Ou melhor, de reconhecer a realidade à sua volta.

Diga-me o que temes e te direi no que crês.

Abraão sabe que o que mais teme é perder o garoto. Se o perdesse sua fé se sustentaria? Qual seria o seu maior temor? Até onde seria capaz de abrir mão de seu controle? Ou melhor, qual a condição de sua incondicionalidade?

Neste lugar avançado, fronteiriço de nossa identidade, está a capacidade de perceber a realidade à nossa volta com definição e nitidez. Logo à frente está a ilusão, onde Abraão não sabe mais o seu tamanho, não conhece o seu valor.

Este é o lugar da vergonha, do vestir-se e do expulsar-se. Abraão o evita.

Bem-sucedido, Abraão abre caminho para o resgate de Adão.

Abraão não é fiel ao Criador, mas fiel a si. Seu temor não se oculta dele e ele pode viver seu pesadelo. Quem olha de frente o seu pesadelo dorme bem à noite, pode olhar o Criador nos olhos. O pesadelo contém parcelas indispensáveis da realidade.

Dizia o rabino de Bratslav: "O hálito da mentira cria um Satã."

Orquestrar a realidade interna e externa, e compor entre a idolatria do que queremos querer e a verdade daquilo que realmente queremos, é nos colocarmos diante de nossa vulnerabilidade.

Disse o rabino Pinchas de Koretz:
"Quando uma pessoa tem medo de alguma coisa, ela é, na realidade, subjugada a essa mesma coisa. Temer é fazer acontecer inúmeras vezes aquilo que se teme. É nos temores que estão as chaves para compreender nossa crença mais profunda."

Fazemos deuses para sustentar nossas ilusões do provento, um para os medos de doença, de inveja ou de qualquer outra necessidade de controle que verifiquemos em nossa vida.

Porém, não são deuses: são Satãs criados a partir do hálito de nossas mentiras-medo. São apegos que deporão contra nós como encostos à espera de "descarrego". Toda infração à vulnerabilidade faz sentir um mal-assombro. Trata-se do odor mórbido liberado toda vez que se dá as costas à vida.

O uso da fé e do sentido de forma enganosa atenta contra a vulnerabilidade do indivíduo e constitui clara violação à paz cósmica.

Infração do artigo 1º

Todo indivíduo deve viver a sua própria vida
(Eu sou teu Deus que te tirou
da casa da escravidão e da dependência.)

É terminantemente vedado viver uma vida que não a sua. Qualquer outra vida que não seja a sua compromete a vulnerabilidade de sua história particular. Há um "eu" que lhe é apropriado. Ele se constitui de uma medida que, como mencionamos, é tudo o que você é. Sermos sagrados diz respeito a sermos tudo, nem mais nem menos, do que somos.

Este "tudo" na concepção humana se associa ao maior de todos os medos: o medo de perder-se, de morrer. Não há maior expressão de falência em relação à nossa obrigação como indivíduos do que morrer.

Temos verdadeiro terror de que nossa morte seja prematura. Se uma ausência abre processos em tribunais celestes, o que imaginar da situação de abreviarmos nossa própria vida por incompetência ou negligência?

É verdade, o grande paradoxo da morte é que ela é a única coisa que não é opcional na vida.

> Segundo o Talmude, o sábio Rav (séc. II) resolveu fazer uma pesquisa estatística da razão da morte das pessoas. Dirigiu-se então a um cemitério e, por meio de sonhos, fez uma enquete sobre a causa da morte daqueles que lá descansavam eternamente. Para sua surpresa ele concluiu que, de cada cem pessoas, noventa e nove morriam por causa do "mau-olhado". Apenas uma em cada cem pessoas morria de causas naturais.

A grande maioria de nós morre por "mau-olhado", por não sabermos olhar a vida com vulnerabilidade e nudez. A vida se ressente dessa agressão constante a seus dois pilares fundamentais e acaba por se extinguir. O que mata, portanto, é a asfixia da vulnerabilidade e da nudez. Sem esses meios porosos entre corpo e realidade, não há vida.

É o olhar mau-olhado para a vida, ou seja, toda a sorte de ilusões, que mata. E um dos aspectos que mais mata é o desejo de longevidade e a aspiração à imortalidade.

O desejo de imortalidade oculta o grande anseio humano, que não é o de viver para sempre, mas liberar-se da responsabilidade do livre-arbítrio. Se vivêssemos para sempre, não teríamos qualquer culpa sobre o que fizéssemos. Tudo poderia ser refeito.

Não haveria qualquer razão para arrependimento e não existiria a condição do que não foi feito, porque sempre poderia ainda ser feito.

O livre-arbítrio está diretamente relacionado com a finitude. É a impermanência humana (da vida como um todo) que produz esse efeito divino de escolha e opção. Só o que é finito tem de priorizar, eleger e selecionar. Ou, como sintetizou Franz Kafka: "O sentido da vida é que ela termina."

Os crimes à paz cósmica no artigo 1º tratam da tentativa de imortalidade. São crimes de controle praticados à vulnerabilidade através da tentativa de aniquilamento do livre-arbítrio.

O temor humano, no entanto, é equivocado. Ninguém é julgado em instância celeste por ter vivido pouco ou menos do que deveria. A questão é sempre o livre-arbítrio porque, se nós o exercemos a todo momento, jamais haverá uma morte prematura.

Olhar mal para a vida não é cometer enganos, mas sim, como já afirmado, não fazer uso dos recursos de escolha da vida. Cometer um erro e morrer é parte das possibilidades da vida e essa morte deveria ser considerada natural.

Seria irrelevante aos céus se o ser humano ampliasse sua longevidade indefinidamente ou mesmo se almejasse a imortalidade preservando sua vulnerabilidade e nudez. Mas isso é uma contradição em termos.

A única forma de sermos menos vulneráveis e nus é se diminuímos nossa capacidade de livre escolha. Esse caminho de ausência e controle é justamente o que mata. Pior, mata e abre processos em fórum celeste.

A questão, no entanto, é ainda mais complexa. Isso porque a imortalidade não é apenas uma matéria do âmbito da longevidade. A imortalidade nos tenta espiritualmente a cada instante através da questão do "bom".

Quando o Criador fez a Criação, a cada dia que a concluía expressava: "E eis que era bom." Bom é uma medida de vida, uma medida harmônica de arbítrio.

Reconhecer que está bom é entregar-se ou arbitrar para si a propriedade daquele momento.

Sempre pode ser mais. Quando conseguimos um momento ideal de despreocupação, deitados numa rede com a temperatura amena, uma brisa soprando levemente e todo o silêncio e tranquilidade possíveis ao redor, ocorre algo terrível.

Pensamos que poderíamos ter também uma boa bebida para acompanhar ou uma comida ou, em outras palavras... não está bom! O Criador nos ensina que a medida máxima é o "bom". Ela é máxima porque é adequada, porque se opta, de livre-arbítrio, que é o suficiente.

O Criador só cria quando lhe basta o que determina como "bom". Se não soubesse o que é "bom", não teria condições de criar. O máximo, tanto como o mínimo, o melhor tanto como o pior são medidas de imortalidade.

Toda vez que saímos daquela rede para buscar um algo mais que faltava, corremos o risco de estar em busca da imortalidade. E medidas de imortalidade significam que estamos nos ausentando e deixando de usufruir a vida. Pior, há sempre um agente do ministério público celeste pronto a reabrir nossos processos por conta dessa ausência.

Todas as recusas deliberadas que fazemos de perceber os "bons" que se estabelecem em nossas vidas infringem o artigo 1º. A vida acontece na capacidade que temos de caminhar de "bom" em "bom". Essa é a nossa vida e nossa história.

Quando temos remorsos, é sempre por um "bom" não acolhido. Na maioria das vezes foi um "bom" trocado por um "muito bom" que não se realiza. A única maneira de se viver um "muito bom" é entregando-se a um "bom". Os "bons" nos surpreendem fazendo-se, às vezes, "muito bom".* Mas não podemos dominar ou controlar os "muito bons".

Toda a tentativa de "muito bom" é um ato de imortalidade e uma agressão à vulnerabilidade.

O Criador é Um, como expresso no artigo 1º, porque sabe a medida de "bom". Só somos senhores de nosso "eu" quando fazemos a derradeira escolha que pode nos proporcionar o livre-arbítrio – decidir se está ou não "bom".

O Criador que nos resgata dos vícios e da escravidão é o que nos retoma a capacidade de optar por aquilo que está "bom".

O Criador é o centro que nos permite sair das dissociações que não distinguem mais o "bom".

Viver a sua própria vida é recolher esses "bons". Não vivê-la é perambular em busca do "muito bom" e do "maravilhoso".

---

*No texto de Gênesis, o termo "muito bom" é utilizado no sexto dia, que corresponde à criação do ser humano. Comentaristas apontam que o termo se refere à perfeição da própria vulnerabilidade. O livro místico do Zohar diz que o Criador enaltece com essa expressão a criação da morte, o clímax da vulnerabilidade. O risco que se permite ao Criador dizer que sua Criação é da ordem do "bom" permite-lhe a surpresa de produzir algo que é "muito bom" (a vulnerabilidade).

II
CÓDIGO PENAL –
DAS PENAS

Da natureza das penas

Todas as penas celestes são aplicadas na vida *(Aqui se faz, aqui se paga!)*. Não há penas a serem cumpridas em nenhum albergue ou instituição penal *post mortem*. Há penalidades que se aplicam ao longo da vida de uma geração e penalidades com potencial de se alastrar por mais de uma geração. Todas as penas são executadas sob a forma de pragas.

As pragas são efeitos inoportunos e desagradáveis cuja característica principal é se constituírem de punições autoimpostas. Funcionam como efeitos colaterais das atitudes, das condutas e dos comportamentos.

As pragas são administradas pela própria vítima.

O significado popular de rogar "pragas" como imprecações de males contra alguém, praguejar, contém a compreensão sutil de que há sempre ônus e bônus embutidos em nossa forma de viver a vida.

As pragas não são, portanto, penas punitivas, mas restaurativas. Como um fantástico sistema de vasos comunicantes, a vida compensa e descompensa. Na rede da vida nada está solto, independente.

No livro de Êxodo, do qual extraímos os 10 Princípios Fundamentais, também estão relatadas as 10 pragas penas que se abatem sobre o Egito. Além de emblemáticas dos custos pelos crimes de infração dos 10 Princípios, nelas ficam esboçadas as peculiaridades dos ônus relativos a cada contravenção.

O Criador não intervém de fora, mas de dentro do Egito. De dentro das atitudes e políticas que contêm distorções, ilusões e dissociações, resultam os efeitos inoportunos que experimentamos na vida.

Todas as penas são aplicadas sob a forma de solidão ou desespero.

Disposições preliminares

A punição dos céus: pragas e retornos

As pragas são retornos, ricochetes de impressões que causamos sobre a realidade e que a nós retornam. Como bumerangues, as ações se voltam a nós e nos abarcam.

A tradição iídiche é famosa por seu praguejar. "Que ganhes um milhão na loteria e que o gastes com médicos."

"Que tenhas uma bela loja, cheia de mercadorias, mas que os clientes só queiram aquilo que não tens."

"Que tenhas uma coceira onde não consigas coçar."

O praguejar é reverberante: agracia e abençoa para só então assaltar e amaldiçoar. Este chiste expõe para além da raiva manifestada aspectos essenciais daquele que é praguejado. Transparecem as dificuldades e infrações do praguejado naquilo que desperta ódio à sua volta.

A praga é um tropeço do indivíduo em sua própria ausência, em seu desejo de controle ou na ilusão que constrói.

Assim sendo, a impunidade não existe. Ela nunca é aplicada por nenhum vingador ou justo externo, mas pela reverberação do que fazemos na realidade.

A realidade só comporta a realidade. A falsidade ecoa e retoma, e como é afiada sua navalha! Na verdade só é um delito aquilo que já contém em si a punição. Se a realidade não rejeita as nossas ações e nosso comportamento, então, por definição, não é um pecado.

Moisés joga as Tábuas da Lei no chão quando vê o povo cultuando o Bezerro de Ouro e não é sequer repreendido. A aparente impunidade significa que a realidade não rejeita sua atitude. Ela é impulsiva, mas pura; é rebelde, mas reverente; é radical, mas sincera.

Mais adiante no relato bíblico, Moisés impulsivamente bate numa pedra arrancando-lhe água e por isso é punido com a penalidade de não entrar na Terra Santa. Aqui a realidade não tolera seu temperamento e retoma a ele algo que é próprio e originário da vida interior de Moisés.

Em uma situação fica impune; em outra é penalizado. Por quê? Porque nossas ações e nosso comportamento dependem de nossas intenções. A intenção que preserva a vulnerabilidade e a nudez não é rejeitada pela realidade. Já o que obstrui a vulnerabilidade e a nudez experimenta um imediato retorno.

> Uma mendiga costumava dizer a seus benfeitores: "Tudo o fazemos, fazemos para nós mesmos!"
> Um nobre que a ajudava ficou enraivecido por esse comentário e quis ensinar-lhe uma lição. Preparou um bolo e dentro colocou um poderoso laxante. Ofertou então à mendiga o tal bolo recém-saído do forno. Mas, em vez de provar do bolo de imediato, a mendiga guardou-o para a refeição do dia seguinte.

No dia seguinte, enquanto caçava, o filho do nobre se perdeu na floresta e foi dar onde morava a mendiga. A mulher reconheceu o rapaz e querendo lhe ser hospitaleira ofereceu o bolo que o próprio pai havia ofertado no dia anterior. O rapaz aceitou e de imediato sentiu-se mal.

Quando o nobre soube o que acontecera, reconheceu: "Tudo o que fazemos, fazemos para nós mesmos!"

A irrelevância do outro nos litígios celestes

Talvez a afirmação que nos cause mais desconforto seja esta que propõe que os Céus não se envolvem nas questões do ser humano com seu próximo.

Se matarmos alguém ou roubarmos o próximo, o Tribunal Celeste não pode acolher essas causas como de sua alçada se elas partem de um terceiro que tenha sido prejudicado. A vítima (que é sempre o réu) tem de estar sempre na condição de primeira pessoa do singular.

É da natureza do fórum celeste não interferir na realidade. É a realidade e suas intricadas leis que mantêm tutela sobre si mesma. Um Criador que interfere garantindo a justiça ou mesmo a Sua vontade não seria capaz de criar.

É a natureza ou a realidade que pune – elas é que indeferem nossas pretensões ilusórias ou destrutivas.

Colocado de outra forma, a indiferença às causas entre dois ou mais seres vivos não se dá por falta de mérito a essas ações. É que elas estão sempre contidas nas escolhas feitas para si, para o próprio indivíduo.

Essa é a proposta dos Dez Mandamentos.

Eles se iniciam com a palavra "Eu" (*anochi* – "Eu sou teu Deus e são concluídos com a palavra "Tu" (*lê-reêcha* – "a teu próximo").

Os tormentos do "Eu" afetam o outro. Tudo o que em nós é voluntário, que está ao alcance de nosso livre-arbítrio, impacta o mundo a partir de nosso mundo interior. Todos os sofrimentos têm sua origem no Eu.

O Eu contém o Outro; o Outro presume o Eu.

Compreender isso é difícil.

Para entendermos que não existe nunca um culpado externo teríamos que nos permitir uma vulnerabilidade que provavelmente não suportaríamos.

O navegador Amir Klink relata que sua maior dificuldade na solidão do isolamento era justamente não ter ninguém para culpar pelos pequenos infortúnios da rotina. Culpar e punir são nossa única maneira de evitar a responsabilidade que temos sobre tudo em nossas vidas.

Mas culpar e punir é um atentado à vulnerabilidade.

O que fazemos aos outros é um espelho, o mais nítido que dispomos desse Eu.

É justamente esse Eu que compartilhamos com o Criador.

É ele a nossa imagem e semelhança (espelho) de Deus.

Aceitar seu Eu com todas as suas vulnerabilidades e nudez é a única maneira de nada cobiçar do próximo. É a única maneira de ser.

O outro é nossa medida e o outro nos revela.

Mas nosso compromisso é administrar esse Eu para que possamos "ser" e dessa forma não violarmos o princípio primeiro que é o de "vivermos a nossa própria vida".

Da execução penal

Capítulo I
PENAS DE SOLIDÃO POR OBSTRUÇÃO DA NUDEZ

Capítulo II
PENAS DE DESESPERO POR OBSTRUÇÃO DA VULNERABILIDADE

As pragas são executadas por duas experiências indesejadas: a solidão e o desespero.

Sempre que atentamos contra nossa nudez, sofremos o retorno da solidão.

Sempre que atentamos contra nossa vulnerabilidade, sofremos o retorno do desespero.

As cinco últimas pragas (relativas às infrações dos artigos 10º ao 6º) têm sua aplicação penal executada pela solidão.

As cinco primeiras pragas (relativas às infrações dos artigos 5º ao 1º) têm sua aplicação penal executada pelo desespero.

Execução penal nos quatro mundos

Capítulo I
(Penas de SOLIDÃO por obstrução de NUDEZ)
SEÇÃO I *(ESFERA FÍSICA)*
(PUNIÇÕES POR CRIMES CONTRA O PATRIMÔNIO)
EXECUÇÃO POR SOLIDÃO-ANIQUILAMENTO
SEÇÃO II *(ESFERA EMOCIONAL)*
(PUNIÇÕES POR CRIMES CONTRA OS COSTUMES)
EXECUÇÃO POR SOLIDÃO-ENLOUQUECIMENTO

Capítulo II
(Penas de DESESPERO por obstrução de VULNERABILIDADE)
SEÇÃO I *(ESFERA INTELECTUAL)*
(PUNIÇÕES POR CRIMES CONTRA A PROPRIEDADE IMATERIAL)
EXECUÇÃO POR DESESPERO HERÉTICO
SEÇÃO II *(ESFERA ESPIRITUAL)*
(PUNIÇÕES POR CRIMES CONTRA A PAZ CÓSMICA)
EXECUÇÃO POR DESESPERO-RESCISÃO

Aplicações da execução

As penalidades de solidão e desespero se aplicam através das quatro dimensões mencionadas: aniquilamento, enlouquecimento, heresia e rescisão. Todas as penalidades são autoaplicadas, retornos e efeitos colaterais da incapacidade de harmonia entre o ser e a realidade.

As penalidades se baseiam na história fundadora da Cabala que conta sobre os quatro sábios que ingressaram no âmago da realidade. Dessa relação profunda entre o humano e a realidade transparecem as existenciopatias: do aniquilamento, da loucura e da heresia.

O texto descreve a incursão que os sábios fazem ao *pardes* – ao pomar da realidade. Esse pomar representava o Paraíso *(pardes/paradiso)*.

Esse local, que já nos teria servido de hábitat natural, é para nós hoje um lugar inóspito. Por ser um meio absolutamente puro, o *pardes* nos revela sem nenhuma distorção. Reflete, portanto, nossas mentiras e ilusões, nossas vergonhas e culpas, enfim, nossas doenças.

Tal aventura é assim descrita:

> Eles eram Ben Azai, Ben Zoma, Ben Abuia e Akiva.
>
> Akiva alertou aos demais: "Quando estiveres muito próximo das pedras de puro mármore, não diga 'água, água', pois está escrito: 'Aquele que fala sem sinceridade não suportará estar diante dos meus olhos.'" (Salmo 101:17)
>
> Ben Azai fitou e morreu. Sobre ele está escrito: "É preciosa aos olhos do Eterno a morte de seus santos." (Salmo 116:15)
>
> Ben Zoma fitou e foi maculado e enlouqueceu. Sobre ele está escrito: "Se encontrares mel, consome com moderação, pois senão te fartarás e vomitarás." (Prov. 25:16)
>
> Ben Abuia, por sua vez, fitou e perdeu suas raízes (tornou-se um herege).
>
> Quanto a Rabi Akiva, este entrou em paz e saiu em paz...
>
> Os anjos também quiseram derrubá-lo, mas o Eterno, sagrado seja, disse: "Deixa este ancião em paz, pois lhe cabe fazer uso da Minha Glória."
>
> (Talmude Babilônico Tratado de Cha giga, 14b)

A entrada em um mundo tão puro como é a realidade sem subterfúgios e fantasias pode ser cruel para o ser humano despreparado.

É para isso que alerta o sábio Akiva: cuidado com seus sentidos e compreensões porque eles terão dificuldades em apreender essa realidade. E toda distorção terá efeitos reais sobre sua vida, nas esferas física, emocional, intelectual e espiritual.

E esses são os efeitos que o relato descreve:
O aniquilamento responde pelos efeitos colaterais sobre o físico.
A loucura responde pelos efeitos colaterais sobre o emocional.
A heresia responde pelos efeitos colaterais sobre o intelecto.
O quarto sábio que é deixado em paz é, na verdade, poupado da última e mais perigosa ameaça.

Essa ameaça representa o efeito colateral na dimensão espiritual que é *Koret* (a excomunhão, o divórcio). Mencionado no texto bíblico e talmúdico, essa punição é o rompimento do pacto* com a vida. Tal rescisão contratual com a existência é o conspurcar daquilo que há de mais puro.

Significaria o fim da espera, o desespero, que é o fim da castidade e do que há de puro em nós: é o incesto supremo, o autoincesto.

---

* A palavra *koret* (que significa "cortar ou rasgar") é usada no texto bíblico com o sentido de "selar". Ela aparece no pacto entre Abraão e Deus que é celebrado com sacrifícios que são "cortados" ao meio.

Das espécies de pragas

CAPÍTULO I
PRAGAS POR SOLIDÃO
Penalidades por delitos à NUDEZ

Seção I – **Penalidades de solidão-aniquilamento**
10 – PRIMOGÊNITOS – Praga por ofensa ao artigo 10º
9 – ESCURIDÃO – Praga por ofensa ao artigo 9º
8 – GAFANHOTOS – Praga por ofensa ao artigo 8º

Seção II – **Penalidades de solidão-enlouquecimento**
7 – GRANIZO – Praga por ofensa ao artigo 7º
6 – ÚLCERAS – Praga por ofensa ao artigo 6º

CAPÍTULO II
PRAGAS POR DESESPERO
Penalidades por delitos à VULNERABILIDADE

Seção I – **Penalidades por desespero-heresia**
5 – PESTE – Praga por ofensa ao artigo 5º
4 – BESTAS – Praga por ofensa ao artigo 4º

Seção II – **Penalidades por desespero-rescisão**
   3 – PIOLHOS – Praga por ofensa ao artigo 3º
   2 – SAPOS E RÉPTEIS – Praga por ofensa ao artigo 2º
   1 – SANGUE – Praga por ofensa ao artigo 1º

CAPÍTULO I
Solidão

Solidão é o que experimentamos nas ausências. Como vimos, sempre que negamos nossa nudez vivemos um ocultamento de nós mesmos. E o resultado é a solidão.

Numa passagem em memória do psicanalista Edwar Edinger, Pamela Jones conta que todas as vezes que passava por momentos difíceis na vida, quando não conseguia honrar seus próprios valores, o professor Edinger lhe dizia: "Está ficando solitária, não está?"

Todos nós conhecemos esse sentimento.

O medo e as proteções que criamos em relação ao outro nos deixam sós.

Mas a solidão não é uma experiência que dependa do outro. Essa é a razão de não resolvermos nossos medos quando nossos pais nos acodem à noite.

A solidão é a diminuição exagerada de nossa presença, é o vestir de nossa nudez, criando cascos que nos isolam – protegem e isolam. Ao contrário do que imaginamos, estar só nada tem a ver com não contar com os outros, mas *não poder contar consigo*.

Em solidão perdemos acesso aos outros por falta de nós mesmos. Afinal os outros só podem se aproximar, gerando intimidade e presença, quando estamos nus. O encontro se dá entre nus, os vestidos se fazem companhia, mas não se encontram.

Vamos averiguar de que forma específica os crimes relativos aos Princípios Fundamentais estabelecem penas de solidão.

A solidão responde por privações de liberdade e direitos.

SEÇÃO I
Penalidades de solidão-aniquilamento

10
PRIMOGÊNITOS
Praga por ofensa ao artigo 10º

Essa praga representa os efeitos colaterais de *"cobiçarmos o outro"* ou *"abdicarmos do único querer do momento"*.

O primogênito é o símbolo bíblico mais significativo para representar o que gostaríamos de ser ou aquilo que invejamos. Todos os relatos de Gênesis falam sobre o irmão menor que almeja o lugar do primogênito.

O primogênito é a fantasia obsessiva que nos faz perder acesso ao desejo real que experimentamos num dado momento. Queremos o poder do primogênito como se essa fosse a única chave para nossa felicidade.

A inveja é restritiva de liberdade. Todo invejoso é um escravo de sua fantasia e, consequentemente, paga um custo enorme descontando de sua própria vida e sua própria satisfação.

A morte dos primogênitos é a praga fundamental da inveja. Enquanto a fantasia invejosa se sustenta, ela nos parece ser uma importante fonte de motivação e de grande poder vital.

A inveja nos investe de iniciativa e parece produzir uma disposição tonificante. Na realidade, ela substitui nosso próprio desejo abandonado. É a serpente falsa que se dissimula por longos períodos como a serpente legítima. A morte dos primogênitos é o momento em que a serpente da inveja morre. Antes fosse ela engolida pela serpente verdadeira, pelo desejo real. Mas não é isso que acontece. Pura e simplesmente, o "primogênito" não consegue mais dar conta de nossa obsessão. Ele morre e nos deixa muito sós.

O desvanecer da fantasia obsessiva sem o resgate do desejo obliterado nos destitui de nossa própria existência que é composta pela trajetória pontilhada de nossos desejos: desejos de ter, desejos amorosos, desejos de criar e desejos de ser.

A morte representa sempre a perda de qualidade de nossa consciência. Sempre que perdemos o fio da meada de nosso sentido interno experimentamos pequenas mortes.

A morte dos primogênitos, que poderia parecer a realização do sonho do invejoso, se revela um pesadelo. A morte do invejado em vez de se materializar num triunfo absoluto expõe o vazio do sentimento invejoso.

Ironicamente, a morte do primogênito expõe o desperdício e a morte do próprio invejoso. Diante da realidade, desperto de sua ilusão, o invejoso se dá conta de quão afastado esteve de sua sombra. E todo o esforço que realizou para manter a "sombra" distanciada e sob controle foi em vão.

Há formas de vivermos nossos desejos sem nos divorciarmos de nossas sombras. Qualquer outra via é de profunda solidão.

A cobiça é antes de tudo um atentado a nós mesmos e, em particular, à nossa liberdade. Vejamos esse ponto, especificamente, na questão da "mulher do próximo".

A vulnerabilidade na esfera do "amor" é admitirmos que os sujeitos do nosso amor têm desejos que nos excluem. Sabemos que isso é verdade, mas não queremos que as pessoas que amamos tenham consciência de que isso é legítimo e se aplica a elas.

Queremos ser livres para deixar as pessoas que amamos, mas não queremos que elas tenham essa liberdade. Isso é muito difícil porque nos faria confrontar nossa nudez.

Saber que esta é a realidade nos obriga a gastar uma energia colossal para preservar nossa ilusão de controle. Para que a pessoa amada não conheça a nudez dessa realidade temos de despender um trabalho tremendo para controlá-la e vigiá-la.

Essa tarefa hercúlea de impedir a realidade de se manifestar nos toma de tal maneira que não temos tempo para ser livres.

O mal que se expressa pela liberdade cerceada do outro tem origem na falta de liberdade do próprio Eu.

A cobiça sobre o que é do outro não tem como objeto algo externo que se deseja ardentemente, mas algo interno que nos falta.

Por sua vez, essa falta interna não é uma lacuna a ser preenchida, mas uma falta a ser assimilada. A aceitação de que não temos controle, e que isso em si não é o "mal", é o início da liberdade.

Todo aquele que cobiça restringe sua liberdade e executa sua própria pena.

> A obsessão e o fanatismo têm a mesma raiz: ocultar a nudez. A nudez significa preservar o foco quando as vestimentas nos confundem e dispersam.
>
> O rabino de Kotzk foi procurado por um homem considerado pela comunidade um fanático. Ele perguntou ao rabino por que não o reconheciam simplesmente como um devoto e por que insistiam em chamá-lo de fanático.
>
> O rabino explicou: "Um fanático é alguém que converte a questão principal numa questão irrelevante e uma questão irrelevante na questão principal."

A morte do primogênito nos deixa cara a cara com todas as questões irrelevantes que já tornamos centrais em nossas vidas e todas aquelas que, sendo centrais, tornamos irrelevantes.

9
ESCURIDÃO
Praga por ofensa ao artigo 9º

Essa praga representa os efeitos colaterais de *"prestar falso testemunho"* ou *"julgar os outros na busca por culpados"*. Esse é o grave crime de acharmos que somos a fonte do "bem" e os outros a origem do "mal". Para ocultarmos nossas sombras as identificamos como externas a nós: elas estariam nos outros, ou melhor, seriam os outros.

A confusão entre interno e externo cria uma escuridão que nos impede de enxergar nossas próprias fronteiras, nossa nudez. As sombras se fazem noite.

Essa escuridão é a nascente de todos os medos. Na penumbra somos assaltados por todos os monstros e o que mais nos assombra neles é a familiaridade de suas fisionomias e anomalias.

A crítica e o julgamento excessivo exorcizam nossas sombras mais assustadoras. No entanto, se as exorcizam, não logram afastá-las. Ao contrário, elas nos rondam, nos espreitam, em busca do retorno ao seu lugar de origem – o mundo interior.

Toda vez que uma sombra negada é expulsa, ela escurece o mundo externo. Nossas sombras são como sinais, avisos. Toda vez que ignoramos esses sinais, eles se tornam mais e mais fortes até que se materializem como realidades externas.

Neste estado de escuridão, o livre-arbítrio tantas vezes evitado se transforma em pressões externas da sociedade e da vida para que reconheçamos a sombra rejeitada. Essas pressões parecerão agressões do mundo, mas são, na verdade, retornos de escuros internos.

A praga da escuridão é uma pena de reclusão (perda de liberdade e direitos) que não pode ser mediada por luzes externas que se tente acender. Todas as luzes são engolidas pela escuridão porque sua origem é interna. Os pais, os terapeutas ou mesmo os gurus pouco conseguirão iluminar.

O infrator do artigo 9º, destituído de sua nudez, não enxerga o mundo porque não enxerga a si. Despido de sua sombra ele não se conhece e reconhece.

O mundo da escuridão é um mundo de culpados. Quanto mais um discurso se apresenta com culpados, discernindo "vilões" de "inocentes", "puros" de "impuros" ou "honestos" de "desonestos", maior é a escuridão.

O mundo do livre-arbítrio é o mundo da responsabilidade, muito distante do mundo dos culpados. O mundo da escuridão é o mundo que renega o livre-arbítrio escamoteando e evitando compromissos incondicionais com nossos desejos.

A praga em si é que aquele que culpa é verdadeiramente aquele que se sente culpado. E o medo do culpado é sempre o medo de abrir mão da culpa. Sem a culpa sabe que estaria livre para honrar seus desejos, mas teme que essa liberdade aniquile seu desejo.

Um indivíduo sem seu querer, sem seu desejo, é um cego. A escuridão é a incapacidade de discernir caminhos. É, portanto, o pesadelo maior daqueles que, dispondo de livre-arbítrio, não podem valer-se dele.

A escuridão é um pudor profundo da nudez; é uma vergonha da vergonha; é a imobilidade que só sabe culpar e que se pune pela solidão – pela falta de si.

A escuridão é formada por nossas neuroses – as forças que querem impedir a transformação e a criatividade. Sem luz, só resta a crítica e o julgamento.

> Segundo o rabino de Kotzk, a praga da escuridão não é composta de falta de luz, mas de excesso de luz. "Às vezes, a luz é tão intensa que fere o nervo óptico. Essa é a razão de as Escrituras se referirem aos cegos como *saguei nahor* – aqueles que estão saturados de luz."

A praga da escuridão é a resistência que fazemos à luz que nos direciona ao resgate da nudez. Se essa luz não é acolhida, se resistimos a ela, se intensifica mais e mais até nos ofuscar a visão e nos cegar.

Em vez de nos enxergarmos só, temos olhos e crítica para os outros. Só vislumbramos o livre-arbítrio dos outros e o quanto é negligenciado. Mas, na verdade, é a escuridão-claridade que nos impede de ver que o ímpeto de culpar – de prestar falso testemunho – se origina na nossa culpa.

Nessa praga perdemos a capacidade de clarividência. A falta de nudez produz, em vez de transparência, um efeito opaco em tudo. O mundo desaparece por detrás dessa cortina opaca onde o encontro e a intimidade com o outro estão sempre impedidos por nossa crítica.

Solitários, amargamos as penas de infringirmos o artigo 9º e prestarmos falso testemunho.

8
GAFANHOTOS
Praga por ofensa ao artigo 8º

Essa praga representa os efeitos colaterais de infringir o preceito *"não roubarás"* ou *"não saber o que te pertence neste mundo"*.

Como nas 9ª e 10ª pragas, esta também diz respeito às fronteiras do Eu com o Outro. Para que não roubemos, temos de alcançar a maturidade de reconhecer e aceitar nossas limitações.

As limitações são tão fundamentais quanto nossas virtudes na definição de quem somos. Só em contato com quem somos podemos exercer nosso livre-arbítrio e só a partir desta plataforma de ser podemos encontrar paz e satisfação.

Segundo textos cabalistas, o "gafanhoto" é o ser que representa tanto o ego como o vazio. Em sua definição, o "gafanhoto" é apresentado como aquele *"cuja vestimenta está sobre ele e dentro dele"* (Bereshit Raba 21).

O vestir de Adão, o cobrir de sua nudez, não é só um ato externo: "Sua vestimenta está sobre ele e dentro dele." O gafanhoto é um origami em sua estrutura. Como um papel dobrado, o nosso interior e o exterior parecem duas coisas separadas, mas são uma mesma folha.

O universo, o vácuo cósmico, para a mística cabalista também é um origami. O que está dentro e o que está fora são a mesma coisa, apesar de nos parecer diferente. O mesmo ocorreria com o ego responsável por nossa sensação de uma identidade de dentro distinta da de fora.

A praga dos gafanhotos é uma praga de egos que não conhecem o seu tamanho. Roubam para repor a si o que lhes parece de direito, mas se perdem nesse ato. O ladrão nada possui, essa é a sua praga.

Por mais que roube, o ladrão não tem. A vida é composta da relação precisa entre ter e ser. Aquele que sabe o que lhe pertence é o mesmo que sabe o que é. Várias fomes de sabedoria afirmam que aquele que nada tem é quem mais conhece a si próprio.

Mas, quando diz isso, não está propondo uma humildade falsa que é tão perniciosa quanto a arrogância. Para chegar a nada ter numa relação entre ser e ter, é necessário ir às profundezas da experiência de nada ser. Matéria complexa.

A essência de quem está vestido por fora e por dentro é um desconhecimento de sua nudez. Sem a nudez ficamos destituídos de graça e perdemos a anatomia que nos encaixa no mundo e no outro.

É por isso que roubamos: perdemos a epiderme que nos dá pertencimento a nós e ao mundo. Perdemos encaixe e ficamos deslocados no quebra-cabeça da realidade. E desarticulados com a realidade sofremos da solidão.

> "Rabi Zeira encontrou Rabi Iehuda parado na entrada da casa de seu sogro. Rabi Zeira percebeu que Rabi Iehuda estava bem-humorado e pensou consigo que nessa condição não se negaria a responder qualquer pergunta sobre os fenômenos do mundo. Perguntou então: 'Por que a antena do gafanhoto é flexível?' A resposta logo veio: 'Porque ele vive em meio aos salgueiros e chorões; se sua antena não fosse flexível, se quebraria no primeiro choque com os troncos e cegaria o gafanhoto. Pois, como ensinou Rabi Shmuel: a visão do gafanhoto depende de suas antenas.'" (Talmude, Trat Shabat 77b).

Feita de salgueiros e chorões, a realidade é rígida para quem está vestido por fora e por dentro. Caso fosse nu por dentro e por fora, a realidade seria flexível. Assim era o Paraíso – homem nu e realidade maleável e macia. Fora do Éden, vestido, o homem conhece uma realidade inflexível.

A pena para quem anda pela realidade vestido é manter suas antenas, sua única visão, bastante flexível. Se nossas antenas se enrijecem, esbarram nos "salgueiros e chorões" da realidade, se quebram e nos cegam. A cegueira é a dúvida profunda, lugar onde a luz se faz oculta e os problemas, sem solução.

O roubo é, assim, apenas a ponta do *iceberg* de uma profunda inaptidão de viver. O ladrão vive imerso em fraudes que o tornam um carente insaciável por certezas e rigidez como forma de compensar seu mundo sem limites. O roubo é, portanto, um sintoma de má formação de identidade. E quanto menos identidade (antenas para o mundo), mais rígida terá de ser a realidade (repleta de "salgueiros e chorões").

O ladrão não integra seu *self* e suas sombras: ele, na verdade, os confunde.

Condenado à forma do gafanhoto – todo vestido –, carece de antenas mais flexíveis.

A pena-praga que se impõe ao ladrão é executada por solidão, por falta de si. O que pensa ser ele mesmo não é ele, e o que não é ele pensa equivocadamente ser ele mesmo. Essa penalidade impacta a qualidade de ser, ou melhor, a qualidade da harmonia entre o que se tem e o que se é.

SEÇÃO II
Penalidades de solidão-enlouquecimento

7
GRANIZO
Praga por ofensa ao artigo 7º

Essa praga representa os efeitos colaterais de infringir o *"não adulterarás"* ou o *"não perderás o teu foco"*.

O que é granizo?

É em essência o mesmo que a chuva e o orvalho – o nutriente da vida.

Granizo é o aspecto "sombra" da vida expresso pela chuva e pelo orvalho.

Em vez da umidade que promove a vida, o granizo é um bólido que destrói e bombardeia o mundo.

Assim como o sexo que promove a vida tem no adultério uma manifestação de "sombra", o granizo que também é composto da água essencial à vida é uma manifestação de sua "sombra".

Em sua amplidão maior, o "granizo" simboliza a praga por adultério. Em vez de vida e construção, é uma adulteração que agride e destrói.

A grande questão, no entanto, é discernir o que é um adultério. Isso porque há fidelidades enganosas que são profundamente infiéis e infidelidades enganosas que são expressões de fidelidade. O "bom comportamento" ou a submissão à moral, por exemplo, pode ser responsável por grandes frustrações. Afinal, uma das grandes fontes de nossos arrependimentos se origina em situações de falta de ousadia e capitulação ao que nos pareceria ser o "bom comportamento" esperado pelos outros ou que agradaria aos outros.

A ânsia por agradar que reprime e imobiliza é também a raiz dessa praga: ela é uma reação às coisas que deixamos de fazer muito mais do que às coisas que fizemos de errado. Essa falta de fidelidade para conosco pode assim se expressar no adultério matrimonial, mas é muito mais ampla, podendo se manifestar em qualquer outra situação da vida.

Os praguejados pelo "granizo" não conseguem mais distinguir se seu adultério é uma forma de rotina ainda mais infiel a si do que a própria monotonia matrimonial. Não discernem mais entre a paixão e o hábito, e descobrem que viver no perigo pode ser uma forma de se sentirem mais seguros.

O "granizo" representa uma forma de solidão por afastamento de nosso verdadeiro desejo. De tão manipulado, o desejo se torna um mutante e nós não o reconhecemos.

Como um camaleão, ele agride a nudez não por uma vestimenta, mas pela possibilidade de se vestir de qualquer desejo. Veste-se de perigo, para esconder o verdadeiro perigo. Veste-se de aventura, para se esconder da verdadeira aventura.

O estrago é enorme. O granizo em sua força não desnuda, mas destelha. É a praga que parece despir quando dissimuladamente nos acomoda a um traje ainda mais justo. E, assim, o que pareceria nudez e liberdade nada mais é do que outra forma de se vestir e se envergonhar. Para alguém assolado pelo "granizo", as mais rotineiras experiências da vida se transformam em constantes adultérios.

> O rabino Bunem costumava dizer a seus discípulos:
> "Os pecados cometidos pelo ser humano, independentemente de quais sejam, não são o seu maior crime. O problema é que a tentação é poderosa e sua força é envolvente e permanente."
> O maior crime que cometemos é que podemos reverter esta situação e nos modificar a cada momento, mas não fazemos isso!

Nenhuma roupa pode restituir a fidelidade à nossa nudez. Nem vestimentas transparentes cumprem essa função. Serão sempre epidermes a revelar nossos fetiches mais do que o nosso ser. Retratarão sempre formas muito distanciadas de nossa real silhueta.

O adúltero experimenta o granizo – a agressão à vida através da própria essência da vida. Seu custo maior é a desconexão entre o indivíduo e seus verdadeiros sentimentos. E sem os sentimentos como bússola de orientação nos perdemos em confusão.

O solitário por enlouquecimento é alguém que se perde no labirinto de seus próprios sentimentos.

6
ÚLCERAS
Praga por ofensa ao artigo 6º

Essa praga representa os efeitos colaterais de infringir o *"não assassinarás"* ou *"não rejeitarás a totalidade de si mesmo"*. Esta é a praga pela qual formas de doença molestam nosso corpo. Toda vez que engolimos nosso ódio, ele acidifica nosso ser e ulcera. Essa chaga responde por uma forma de solidão que se origina no aprisionamento em si de aspectos que ficam reprimidos.

Não há doença mais simbólica que as úlceras. Sejam elas erupções externas cutâneas ou feridas internas do aparelho digestivo, estão sempre vinculadas à saturação de toxinas ou ao excesso de acidez em nosso sistema.

As emoções que se produzem em nós devem ser consumidas como uma espécie de combustível de nossa existência. No entanto, se são retidas e não são eliminadas por vias do sentir, se acumulam com resultados muito danosos.

O armazenamento desses sentimentos reprimidos fere e produz chagas em nosso corpo. Quando a saturação nos infecta de maneira grave, temos o desejo de amputar as partes afetadas.

São essas úlceras que queremos arrancar de nossa realidade de forma cirúrgica que respondem por todos os homicídios.

Trata-se do autoengano que quer confundir os sintomas com a enfermidade. Arrancar os sintomas, qualquer bula de remédio alerta, apenas dificulta o diagnóstico.

Não podemos renegar em nossa consciência nenhum conteúdo psíquico por mais inquietante que possa nos parecer. Devemos harmonizar esses conflitos internos para não sairmos assassinando.

> *"E trouxe Caim, do fruto da terra, uma oferta ao Eterno. E Abel trouxe também ele, das ovelhas, uma oferta. E voltou-se o Eterno para a oferta de Abel e para a oferta de Caim não se voltou."* (Gênesis IV:3-5)
>
> A tradição chassídica interpreta este versículo enfatizando que aquilo que Abel trouxe em sacrifício foi o "ele". Ele trouxe a si mesmo. Apenas quando uma pessoa traz a si mesma é que seu sacrifício é aceito.

Caim inveja Abel porque ele se traz inteiro. Todo o conteúdo de sua psique e de seu *self* se fazem presentes nas situações de vida. Deus aceita sua oferenda de vida porque ela é inteira. É isso que tanto incomoda a Caim.

Caim é um assassino em potencial porque partes de si não se ofertam a cada momento de vida. Essas partes já assassinadas são as que matam no mundo externo.

Cada momento exige de nós nossa totalidade. Para sermos essa totalidade temos de aceitar tudo que diz respeito a nós, o que gostamos e aprovamos, e o que nos causa desconforto e reprovamos.

A vida em sua condição dinâmica não espera por ninguém, e só podemos acompanhar seu movimento se agirmos de maneira íntegra. Essa é uma regra básica da vida: só se desloca e só se atualiza aquilo que é inteiro. O que se entrega apenas parcialmente não pode mudar e se transformar.

Portanto, mudanças e aperfeiçoamentos não começam com o desejo de mudar, mas sim com a aceitação de si para poder ser um inteiro. Nossas neuroses – toda a gama de psicodinâmicas que se opõem à mudança – tentam nos ausentar dessa totalidade.

Negamos, ocultamos e resistimos a quem somos. Esse assassinato que nos torna ausente, se aplicado em excesso, se traduz em autoagressões que ulceram.

A punição de Caim, vagar pelo mundo, é a pena da solidão. As úlceras são apenas efeitos de uma vida parcial – de quem arrasta a carcaça das vítimas de si mesmo como um fardo constante aonde quer que vá.

Nossos assassinatos revelam marcas, máculas, à nossa fronte. O que queria se esconder fica exposto em nossa testa. Ah, se o assassino soubesse que a cura de sua solidão é não esconder essa marca, mas exibi-la!

É que toda punição, como todo sintoma, é uma oportunidade ainda mais explícita de diagnóstico e terapia.

O assassino, Caim, é aquele que vaga e perambula pela realidade. Transtornado em solidão por enlouquecimento, o assassino paga suas pendências com a realidade através de sua demência.

CAPÍTULO II
Desespero

A nudez representa a porosidade que precisamos ter com a vida para estabelecer as trocas vitais que nos sustentam. Sem esses interstícios que garantem as passagens de cá para lá e de lá para cá, a vida se exaure.

A vestimenta é em si indício de solidão. Isso porque a vergonha e a defesa nos condenam às suspeitas e estas, por sua vez, à distância e ao que nunca iremos saber ou experimentar. Vestidos, assistimos à vida passar.

A vulnerabilidade, por sua vez, é a capacidade de não buscar controlar, permitindo que a vida passe por nós, sem querer retê-la ou possuí-la. Toda vez que a vida é represada, o que se acumula é experimentado pelo desespero.

Quem controla se "des-espera": não tem o que esperar porque todas as surpresas, magias e mistérios empalidecem. As possibilidades e os erros purificam a vida, oxigenando-a para que não se sufoque e não se inviabilize.

Se a solidão é o purgatório, o desespero é o inferno.

Se a solidão é a praga de Adão, o desespero é a praga da Torre de Babel.

"Não é bom para o homem viver só!" – é a questão de Adão em busca de um par.

Mas será para sempre sua questão como um homem que sabe, o *sapiens*.

Sabedor, vestido, Adão e Eva vivem a praga da solidão. Na Torre de Babel, monumento à intolerância de nossas limitações, está simbolizado o desejo de controle – de igualar-se aos céus, de atingi-lo.

Os vários idiomas são as vestimentas que encobrem a espontaneidade.

Os bebês em sua vulnerabilidade não falam. Suas emoções puras não são encobertas pela fala. Sua incontinência afetiva é baseada numa relação de espera absoluta com a vida.

Os bebês esperam. Desejam ser atendidos e não sossegam, demandando vigorosamente ao que aspiram. Sua "espera" é envolta em vulnerabilidade. Somos nós, adultos, que tememos a vulnerabilidade contida na "espera" e sucumbimos à desistência.

Contraditoriamente, a fala, que nos pareceria o instrumento para expressar nossas demandas, é justamente o que asfixia a "espera" incondicional. São nossas falas que nos confundem numa Babel na qual a tragédia é a carência de "espera". Essas são as pragas do desespero – do fim do mistério.

Ou seja, a vulnerabilidade nos permite esperar. O controle nos faz perder a capacidade de esperar. E não há inferno maior do que esse. Inferno a que ninguém é condenado, mas ao qual muitos se condenam.

SEÇÃO I
Penalidades por desespero-heresia

Responde pelas pragas que infringem os artigos 5º e 4º.

HERESIA

À primeira vista, a palavra heresia não deveria estar associada a nenhuma penalidade ou praga. Seu significado original *(hairetikós, haereticu)* quer dizer "aquele que escolhe". Em tudo o que vimos, exercer o livre-arbítrio, mais do que um direito, é uma obrigação. Só aquele que opta pode ser considerado um indivíduo probo diante dos tribunais celestes. Como explicar então o significado de heresia?

O herege não é alguém que escolhe movido pelo "desejo do momento" ou pela sagrada vulnerabilidade de um indivíduo. Ao contrário, faz uma "escolha" mental, produzida pelo intelecto com a intenção de controlar e inibir a vulnerabilidade.

As crenças e a fé carregam a marca da vulnerabilidade, da imprecisão e da entrega. A heresia não é o uso da opinião, é a sua negação pelo estabelecimento de verdades que cerceiam a opinião.

A heresia é praticada tanto pelos céticos como pelos crentes. Para ser herege basta ter certeza.

5
PESTE
Praga por ofensa ao artigo 5º

Essa praga representa os efeitos colaterais de infringir contra *"a honra dos pais"* ou contra *"as fontes de orientação e sentido"*.

A quinta praga diz respeito à morte do gado por peste. Tal como a primeira praga da solidão acontece através da morte dos primogênitos ou da morte do objeto invejado, aqui há o desespero pela morte do objeto real.

Entendamos que para a simbologia pastoral do passado o gado era o bem maior por excelência. Mais que a terra e seus frutos, o gado representava a benfeitoria maior da economia. Nada tinha tanto valor agregado como o gado. Para os hebreus, o gado era ofertado em holocausto porque representava a forma mais sofisticada de retribuir a prosperidade da vida. Para o Egito, era em si a forma do sagrado.

"Eis que se me escutarem... darei a chuva a seu tempo certo e colherás o teu grão. E darei por erva para teus animais e comerás e te fartarás... Cuidem-se, porém, se vos desviares, então fechará os céus e não mais haverá chuva; e a terra não dará mais o seu produto..." (Deut. 11:13-17)

O final da cadeia produtiva era o gado. Viver em harmonia com a realidade circundante resultava em benefícios ofertados por essa realidade tais como o sustento e a preservação da espécie.

Assim como o homem representava o broto mais audacioso da Árvore da Vida e de sua evolução, o pastoreio representava o maior fruto que essa audácia poderia produzir.

A morte do gado é simbólica do término da parceria do ser humano com a vida e com a realidade. O objeto real da busca e do esforço humano morre. Os esforços não produzem mais sustento ou resultado na realidade.

Essa praga se traduz na comum reclamação: "Tento tudo e tudo dá errado." O que no passado funcionava hoje não funciona mais. A "sorte", a "maré" ou a "minha estrela" não andam boas. A peste é quando testamos nossos esforços na realidade e eles não se concretizam – o gado morre.

A razão pela qual a realidade não corresponde de forma positiva às nossas demandas tem relação direta com a perda da vulnerabilidade. Como vimos anteriormente, o bebê em sua vulnerabilidade espera, sonha e deseja. E a natureza e a realidade lhe retribuem.

A dificuldade em conseguir concretizar nossos projetos está diretamente ligada ao fato de que nosso querer não mais se relaciona com a realidade e seus riscos (espera), mas quer impingir à realidade nossas expectativas baseadas em experiências passadas. No entanto, a realidade não reconhece direitos adquiridos.

Eu já fiz antes e já obtive, por que não teria agora de novo?

Por que a vida não responde às minhas demandas como antes? Simplesmente porque nada é garantido a não ser a nudez e a vulnerabilidade com suas potências e limites.

A morte por peste é o desperdício; representa o desespero pela ruptura do ciclo produtivo. A morte do gado é simbólica de se ver a tarefa última do esforço humano frustrada.

A heresia é ir na contramão de importantes princípios da vida. Os valores mais sagrados ficam deturpados e se tornam ímpios. A heresia é o efeito colateral mais grave da intelectualidade. Da questão e da dúvida que nutrem o intelecto surge a moléstia do ceticismo e do cinismo.

Fazemos tudo igual ao que sempre fizemos; os ingredientes são os mesmos, mas tudo desanda. Falta o tempero e a magia que se perdeu. É a pitada de lágrima e de sorriso sinceros sem os quais a realidade não responde.

A realidade se encaixa nas lágrimas e nos sorrisos porque os últimos foram implementados como instrumentos da vida (leia-se nudez e vulnerabilidade). O intelecto e a compreensão não podem dar conta da totalidade da vida, daí os manuais não funcionarem.

A desesperança é o efeito dos crimes contra o Patrimônio Imaterial. Esse patrimônio é a fé que o bebê dispõe e que devemos aprender a preservar em nossa vida, enfrentando nossas heresias.

> Essa é a razão de as orações começarem com "Nosso Deus e Deus de meus ancestrais". Há duas formas de fé: a fé que recebemos dos pais e a fé que alcançamos por nós mesmos.

> A fé dos pais leva a vantagem de que nenhum argumento intelectual pode abalá-la; mas leva a desvantagem de ser obtida através do temor aos homens (aos pais) em vez de Deus. Por sua vez, a fé alcançada tem a prerrogativa de ser conquistada pela própria pessoa; mas está sujeita às tendências do intelecto. A fé deve ser feita de uma liga especial entre a fé alcançada e a fé dos ancestrais.
>
> Martin Buber

Honrar os pais é não se deixar à mercê das heresias que abrem mão de valores essenciais. Tal infração se traduz em desespero herético em que a fonte de profundo sustento da seiva da árvore da vida passa ao largo de nossas vidas e necessidades – o gado morre.

4
BESTAS
Praga por ofensa ao artigo 4º

Essa praga representa os efeitos colaterais de infringir o *"descanso do sábado"* ou *"não guardar as pausas e os vazios"*.

A tentativa de controle e obliteração da vulnerabilidade pela eliminação de pausas e vazios produz uma praga de animais selvagens e bestas. Essas criaturas são mutantes das fugas que tentamos através do alvoroço e da pressa.

A estratégia de vivermos sobrecarregados e confusos para driblarmos a vulnerabilidade da vida nos coloca diante de bestas. Elas são simbólicas de todas as pessoas e situações que se tornam predadoras em nossa vida.

A própria palavra "besta" pode significar "presunçoso". Todos à nossa volta se transformam em figuras pedantes e pretensiosas. Sua petulância está em se comportarem como entraves a nossos projetos, estorvos em nossos caminhos.

Sem tempo, alvoroçados, qualquer relação pode ser vivida como uma praga de bestas. O caixa do banco nos ataca o fígado, o atraso nos dá palpitações ou uma confrontação nos deixa paranoicos. Por todos os lados, aqueles que deveriam ser parceiros de nossas interações se assemelham a predadores.

O mundo parece estar cheio de obstáculos. O trânsito, as burocracias, os processos e as indecisões obstruem a presteza de nossas empreitadas. A lei de Murphy se torna poderoso preceito da vida: "Se pode dar errado, dará."

> Dizia Reb Bunem:
> Não há empecilho ou bloqueio que não possa ser removido. Isso porque todos os obstáculos existem justamente para servir ao "desejo". Para bem da verdade, nem sequer existem os ditos obstáculos, salvo no interior do espírito humano.

A praga das bestas é vermos o mundo transformado numa perigosa selva, repleta de predadores.

Como Reb Bunem bem desvendou, os obstáculos são sombras do próprio desejo e da própria tarefa que desempenhamos. Sem integrá-los, os obstáculos se disseminam pela vida e vivemos apreensivos com tudo e com todos.

Essa condição nos leva ao desespero. Sem qualquer esperança no esperar – na pausa – somos afligidos pela heresia de perseguir nossos sonhos e desejos como se estivessem fora de nós, projetados sobre coisas ou situações externas.

Só o descanso pode nos oferecer uma alternativa a essa praga. Só o sono que abraça seus pesadelos pode afastar o despertar do desespero. Substituir os desejos por pensamentos e fantasias leva gradualmente à demência, ao enlouquecimento por heresia.

As bestas externas são, na realidade, projeções de partes primitivas e inescrupulosas de nós mesmos que tentam tomar controle. Os vazios e as pausas são tidos como vácuos, ou seja, áreas sem governo e controle à espera de alguém que as assuma.

Muito pelo contrário, as pausas, os vazios e os descansos são o antídoto a essas bestas que assombram nossa vida estressada.

A surpresa é que, em vez de esses fantasmas estarem atrás de nós, talvez sejamos nós que andamos atrás deles.

Os fantasmas e as bestas teriam assim uma função. Permitiriam a ilusória sensação de que, enquanto corremos atrás deles, eles não podem nos surpreender estando em nosso encalço.

Triste truque cujo custo é a praga que nos preenche de medos e, em vez de nos fazer descansar, acaba por nos paralisar.

As pausas e os vazios rejuntam a realidade e representam um importante recurso do quinhão que nos cabe de controle na vida. Certamente não são uma ameaça a esse quinhão, mas sua própria essência.

SEÇÃO II
Penalidades por desespero-rescisão

Respondem pelas pragas que infringem os artigos 3º, 2º e 1º.

RESCISÃO *(KRITÁ)*

São as pragas que respondem por crimes contra a paz cósmica.

Seu efeito inoportuno é o desespero por uma sensação de desconexão, de corte e rompimento com a vida.

Apontado no texto bíblico como uma penalidade que retiraria um indivíduo de seu coletivo, *koret* era uma espécie de cassação de direitos.

Através dessa penalidade, o pacto com a vida fica invalidado e rescindido. Essa rescisão, como sempre, é unilateral. Parte da própria vítima e, como toda praga, é uma penalidade autoimposta.

3
PIOLHOS
Praga por ofensa ao artigo 3º

Essa praga representa os efeitos colaterais de transgredir o *"tomar-se o Nome em vão"* ou *"negar-se a sua condição de fragmento"*.

A praga de piolhos ou carrapatos corresponde ao custo de querermos lidar com o mundo de forma absoluta, como se fôssemos capazes de apreendê-lo como um todo.

Somos um fragmento da realidade e como tal nos conectamos a toda realidade. Mas não podemos falar de outro lugar que o de um fragmento com sua respectiva sombra. Querer falar em nome do Criador é negar a condição de criatura.

A ambição por controle que se manifesta através de discursos e visões onipotentes resulta em uma praga específica. Os insetos são pequenos intrusos, fragmentos tão pequenos, mas que podem ganhar uma importância exacerbada, tal qual nosso ego.

Desses seres minúsculos experimentamos o enervante desconforto de sermos atacados por todos os lados. Sua característica invasiva representa a surpresa de que coisas pequenas tenham tanto impacto em nossa qualidade de vida.

Em hebraico, a praga é conhecida como *kinim* (piolhos). Mas sua raiz etimológica é a palavra *kin*, que significa "sim". Essa é a praga dos "sim(s)" – da incapacidade de assumir "não(s)" de si para o mundo e do mundo para si.

Dizendo "sim" a tudo da vida somos importunados pelo zumbido insuportável daquilo que é dispensável, repetitivo e inócuo. A vida é feita de eleições e escolhas. Não temos como fugir da realidade de que vamos optar por um único caminho a cada caminhada.

Quem almeja maestria sobre a Árvore da Vida conhece o desespero de se ver alijado de sua sombra. A sombra é em si a própria tarefa e a missão de cada indivíduo. Acolher a sombra e sincronizá-la com nossos movimentos e gestos é ser inteiro. Não se trata, portanto, da onipotência de ser Um, mas de ser uno.

Uno, diferente de Um, não é uma dimensão de poder. Uno é relativo a "unir" e integrar. A dissociação é que produz uma fala que usa o Nome em vão. É vão porque não é necessária uma postura superlativa (o Um) para falar com graça e magia. Basta ser uno.

Quem é uno não é importunado pelos "piolhos", pelos fragmentos que se voltam contra si. Ao contrário, quando um indivíduo se faz passar por Um e único, atrai todos os fragmentos que querem a este Um retornar.

Os piolhos e carrapatos que nos fazem coçar em desespero são a nós atraídos porque abandonamos nosso lugar real no mundo. Ocupamos então um lugar desagradável repleto de insetos que azucrinam nossa rotina.

Seu zumbido não nos deixa em paz de dia ou à noite. Dissociados, rescindidos do contrato com a vida, vivemos como certos tipos de aposentados: tudo, por menor que seja, nos incomoda e perturba como se nos intimidasse. A vida se torna difícil e estéril. Todo lugar, momento e situação são cheios de distúrbios e aborrecimentos potenciais. Não há refúgio a esses insuportáveis fragmentos que nos agridem sibilando em nossas consciências – sois fragmentos!

> Os mestres hassídicos dizem que os arrogantes reencarnarão como abelhas. Porque em seu coração o homem presunçoso diz: "Eu sou um escritor, eu sou um cantor, eu sou um grande estudioso." E como é sabido: os indivíduos que não conseguem sossegar são reencarnados por conta de sua aflição. Nesse caso são reencarnados como abelhas a zumbir e zunir dia e noite: "Eu sou; eu sou; eu sou."
>
> Ten Rungs, Martin Buber, p. 101

No original em iídiche, a expressão "Eu sou" se traduz como *Ich bin*. A intenção é produzir um duplo jogo de palavra: por um lado, uma onomatopeia da abelha; e, por outro, a palavra "abelha", que em iídiche é *bin*. "Eu abelha, Eu abelha!" É a maneira que soa perante o tribunal celeste essa comprometedora invocação sobre si na qual o sujeito não se vê como um fragmento.

Essa forma de arrogância acaba por instaurar um senso de ridículo. Como um agravamento da vergonha, o ridículo é uma vergonha acrescida da crítica. O senso de ridículo é uma das mais cruéis pragas possíveis.

O ridículo se origina no julgar com olhos absolutos quando se é fragmento. Só o Criador nos poderia achar ridículos e só o somos quando queremos deixar de ser criaturas para ser Criador. Como abelhinhas nos fazemos menores, mais fragmentados do que o nosso fragmento inteiro.

A paz cósmica fica comprometida pela existência da noção de ridículo. Nada era ridículo no Universo até que o discernimento humano se fez tão cruel. É esse zumbido de uma criatura que não se aceita que tanto incomoda a paz celeste.

2
SAPOS E RÉPTEIS
Praga por ofensa ao artigo 2º

Essa praga representa os efeitos colaterais de infringir o *"terse outros deuses"* ou *"outorgar poder à ilusão"*.

Os sapos e répteis representam a regressão a uma vida confinada ao setor reptiliano de nosso cérebro. Retornamos ao pântano onde nosso ego se relaciona com o mundo exterior como se este fosse uma constante ameaça à nossa sobrevivência.

Nesse pântano cheio de intimidações tão primitivas há sempre a iminência de um sofrimento insustentável. Como se emergíssemos na atormentadora psique de um ser de sangue frio que tem de se expor ao sol para sobreviver e, ao mesmo tempo, se expor a todos os seus predadores.

A parte do ego que se envolve com a praga dos sapos é aquela que tenta evitar essa vulnerabilidade mais básica. Em geral, esses egos buscam o "sol", aquecendo-se em suas próprias mentiras e ilusões.

O coaxar dos sapos é o grito do ego para se fazer ouvir. Gritos que querem exibir suas mentiras reptilianas. Funcionam como ilusões muito rudimentares que têm como finalidade a proteção de um ego indefeso em busca de sol.

Essa praga é relativa à regressão aos estágios mais arcaicos do desenvolvimento humano. É o pesadelo de retornar a um mundo no qual ainda nos perguntamos se as mentiras e falsidades podem ser um recurso eficiente de sobrevivência. Em que medida a mentira pode dar conta de nossas limitações e das limitações que a realidade nos impõe?

Por conta das dificuldades de nos aceitar e aceitar a realidade, usamos subterfúgios para inibir nossa vulnerabilidade e mergulhamos nessa terrível praga. A falsidade nos coloca de volta naquele pântano tão temido, no epicentro de nossos piores pesadelos.

Esse lugar tão cheio de "eu" é, na mesma proporção, cheio de perigos e terror. É um lugar onde habita a mais obscura experiência humana: a tristeza.

> Dizia o rabino Alexander: "A tristeza é a pior qualidade de um ser humano. É o atributo de um egoísmo incurável. Quem é triste pensa assim: algo deveria estar destinado a mim... ou alguma coisa está erroneamente sendo impedida de vir a mim... Seja em relação a coisas materiais ou espirituais, tudo sempre se resume ao 'eu' e a 'mim'."

A tristeza é o sentimento que experimentamos diante de perdas. Nem sequer é necessário tratar-se de uma perda real, bastando apenas o temor da perda. Em última instância, essas perdas simbolizam sempre a própria perda de si. Triste, o ser humano se torna reptiliano – tem o discernimento de um homem e o terror de um réptil.

Sua grande proteção é a mentira e a ilusão. Com isso fica exposto e ameaçado, mas se ilude de que está oculto e bem protegido. Em seu devaneio não sabe que todos os predadores o veem e se, até então, exercia o mero risco de tomar sol, agora a ilusão o coloca em grande perigo.

A praga dos sapos é bárbara. A única pena que vale a pena é a verdade. O custo da verdade – de banhar-nos ao sol e aquecermos nosso sangue – é o único custo que vale. Porque, se este ato traz riscos (e sabemos que traz), aquece nossa alma e nos faz inteiros e vivos.

Ocultar-nos na ilusão esfria o nosso sangue e nos acua numa segurança enganosa. Qualquer predador do pântano leva vantagem sobre quem não tem os pés na realidade. Esse réptil, na tentativa de evitar a vulnerabilidade, se fez mais do que vulnerável e já se definiu como presa.

Os locais de falsa camuflagem são os mais violentos. Quanto mais mentira em nossas vidas, mais pantanosa se faz a realidade. O inferno não poderia ser mais bem descrito do que pela imagem de se viver numa realidade que por um lado contempla as ameaças do pântano e por outro contempla a consciência desses perigos.

1
SANGUE
Praga por ofensa ao artigo 1º

Essa praga representa os efeitos colaterais de infringir o *"Eu sou teu Criador"* ou *"de não viver a sua própria vida"*.

A vida em seu aspecto genérico, indiferenciado, é comumente representada pela água. O sangue, por sua vez, representa a matéria essencial da vida individualizada. Meu sangue não é água, sou "eu".

A crença bíblica é que a individualidade estava no sangue. Por isso, os alimentos eram preparados retirando-se o sangue dos animais. Ingerir o sangue poderia significar ingerir aspectos da personalidade do animal.

Um rio de águas que vira sangue é uma simbologia de degeneração das fronteiras entre o coletivo (genérico, água) e o individual (específico, sangue). O pesadelo dessa praga é a distorção que faz o específico contaminar o genérico.

Mesmo que o sangue seja a matéria-prima da vida, um rio de sangue representa a morte. A transparência e a solvência da água não podem ser substituídas pelo sangue. O específico, por mais especial que seja, não dá conta da tarefa do genérico.

Os sonhos humanos de imortalidade, de se fundir com a Árvore da Vida, são uma forma de poluição capaz de extinguir toda vida. Viver cada um a sua própria vida salva a si e mantém os mananciais de água (leia-se vida) puros e intactos.

O seu, o nosso sangue, só é sagrado caso desemboque nas águas cristalinas que se reciclam de sangue em sangue produzindo novos indivíduos, famílias, espécies e reinos. Impor nosso sangue sobre esses mananciais é intoxicar a vida e rescindir contratos.

A possibilidade de nos perdermos de nós mesmos diz sempre respeito a tamanhos, proporções e fronteiras não respeitadas. O Criador é nossa mais importante demarcação de medidas. O "Eu" das águas e o "eu" do sangue não podem se contaminar.

O sangue é sempre um afluente do rio das águas da vida. Enquanto as margens desse rio são a própria Criação, as margens do afluente é o livre-arbítrio. Só na opção, na escolha, a água e o sangue se tangenciam mas não se misturam. O Criador afirma "Eu sou" e dota o ser humano com a possibilidade de "ser".

O ser humano tem no Criador um centro que lhe permite calibrar suas dissociações e resgatar-se dos lugares estreitos: narcisismos, vícios, inseguranças e violências.

"Eu sou aquele que te tirou do cativeiro" – é a promessa de redenção do desespero fazendo com que resgatemos nossa condição verdadeira como criatura e nos façamos senhores de nossa própria vida.

A sede dos campos não pode ser saciada com o sangue, da mesma forma que a especificidade do ser não pode ser irrigada com a generalidade da água. Manter as fronteiras entre o Criador que representa a totalidade (Um) e a criatura que representa o fragmento (Uno) é fundamental para preservar a Criação.

> Um discípulo de Reb Baruch, sem que o mestre soubesse, inquiriu sobre a natureza de Deus. Penetrou mais e mais em seu pensamento até que transformou tudo o que entendia em dúvidas.
> Quando Reb Baruch deu por falta do discípulo, foi buscá-lo em sua casa. Irrompeu em seu quarto e disse: "Sei o que se oculta em teu coração. Tu ultrapassastes o 50º portão da razão. De portão em portão fostes te aprofundando até forçares a passagem deste 50º portão. De lá contemplaste a questão cuja resposta nenhum humano jamais alcançou; e se tivesses alcançado não mais haveria o livre-arbítrio. Mas cuida-te porque se te aventurares ainda mais cairás no abismo!"
> – E o que queres que faça? – gritou em desespero o discípulo.
> – Que retorne ao começo?
> – Se deres a volta, não estarás indo para trás, regredindo – disse Reb Baruch –; estarás indo para além do 50º portão porque te colocarás diante da própria fé.

O mestre detém seu discípulo antes que este transforme a água em sangue. Os limites do "eu" estão em preservar o livre-arbítrio. E essa liberdade de arbitrar depende da flexibilidade e da fluidez somente encontrada naquilo que não é certo e absoluto.

A vulnerabilidade da vida depende sempre da fé. A certeza nunca é a fé e jamais poderá ser o epílogo da fé. A fé é o fiel do livre-arbítrio, a garantia de que a vida permanecerá vulnerável e permeável à realidade à sua volta.

Quem se lança ao abismo, para além do 50º portão, não encontra razão ou controle, como alertou o mestre, mas desespero e rescisão de contrato. Terá, na tentativa de evadir-se de sua vulnerabilidade pelo conhecimento pleno, se defrontado com a destrutividade.

O vulnerável e o destrutivo são dois aspectos inversos. Sem muita atenção, nos parecem como aspectos semelhantes, mas não o são. O vulnerável não é apenas o que é facilmente destruído, muito pelo contrário. A vulnerabilidade é a vida; a destrutividade é evitar a vida.

III
DA REABILITAÇÃO

Do indulto, da anistia

ATENUANTES

Os atenuantes celestes seriam, em tese, o que consideramos agravantes no âmbito terreno. Isso se deve ao fato de que os céus monitoram a motivação e não os resultados de nossos atos. Por exemplo, na Terra, o furto é menos grave do que o roubo. O fato de alguém furtar uma casa onde não haja ninguém é menos grave do que assaltar à mão armada um indivíduo e roubá-lo.

No entanto, quem furta evitando o enfrentamento com outros seres humanos demonstra temor às pessoas, mas não demonstra o mesmo temor ao Criador. Por sua vez, quem assalta demonstra igual falta de temor tanto aos homens quanto ao Criador.

Perante os céus, é mais grave a condição de quem teme aos homens, mas não teme a divindade. A incoerência demonstra mais malícia e dissimulação acarretando, portanto, uma reabilitação mais difícil.

Quanto mais graves as infrações de um indivíduo, mais próximo ele está de se dar conta de seu procedimento destrutivo.

Quanto mais dissimulada e integrada à sua vida for sua delinquência, mais difícil será lograr sua reabilitação.

> O Rebbe Gerer dizia: "Encontramos no Talmude (Ioma 86) que um transgressor que se reabilita com sinceridade recebe o mérito de todas as suas transgressões como se estas tivessem sido transformadas em virtudes. Isso significa que nosso enriquecimento espiritual deriva das piores coisas que já realizamos e que o recebemos das mãos de nossos piores adversários."
>
> O Rebbe Mezeritzer dizia: "Aquele que sempre viveu em retidão não conhece o prazer profundo que se pode derivar desse comportamento. Essa pessoa não sabe que há um caminho que não é reto, mas tortuoso. Mas aquele que primeiro caminhou de forma errada para posteriormente se aprimorar e se reabilitar, esse se rejubilará imensamente em sua transformação. Portanto, o penitente aprecia a retidão bem mais que o santo que nunca transgrediu."

As possibilidades de retorno e perdão são constantes. E, quanto mais graves os crimes, mais abundantes as oportunidades de indulto.

Não importa o quanto de vida tenha sido desperdiçada: a mudança resgata todo o passado no presente. A anistia é dada na medida em que restabelecemos nossa condição de nus e vulneráveis.

As fomes do passado não podem ser ressarcidas pela refeição do presente. Mas a fome saciada do presente é tudo o que precisamos para resgatar nossa vida. A anistia é ofertada no momento em que as pragas perdem sua capacidade reverberante. As anistias e os indultos celestes são sempre absolvições. Não são atos de clemência porque as condenações são efeitos colaterais e não desejos morais de restabelecer a justiça. Por isso, uma vez que sejam concedidas, são absolutas. Ou nas palavras de Rabi Shmelke:

"Aquele que se reabilita de suas transgressões pode fazê-lo por duas razões: uma porque teme a punição; a outra porque discerne o quanto frustrou o Criador. No primeiro caso, as transgressões cessam, mas um resíduo delas permanece. No segundo caso, as transgressões são totalmente extintas e nenhum traço delas permanece."

Nos céus não há a primeira possibilidade de temor da punição. O temor da punição é em si o próprio pecado. Resta, portanto, apenas a segunda opção: o desejo de não frustrar o Criador.

Mas, se o Criador é um observador externo, como ter certeza de que não nos modificamos para evitar a punição ou a crítica externa?

Essa é a grande chave que o texto bíblico oferece: somos imagem e semelhança do Criador. O Criador é o nosso Eu superior, uma imagem projetada às estrelas de nosso pequeno *self*.

Frustrar o Criador não deveria gerar em nós medo, mas um sentimento de autodesilusão. Todos os pecados que vimos são formas de não honrar a nós mesmos em relação a nosso compromisso com a vida. Aquele que somos perante a vida, nossa verdadeira identidade, é o conjunto de nossa nudez e nossa vulnerabilidade.

É justamente essa identidade relacional com a vida que tanto evitamos. Na tentativa de construirmos uma identidade dissociada das sombras que nossa própria existência projeta sobre a realidade, acabamos renegando nossa imagem mais verdadeira.

Penalidade-cura
x
Penalidade-punição

A penalidade celeste, expressa pelas rejeições que a realidade faz a nós através de pragas, não é uma agressão autoritária. É um sintoma cuja função maior é alertar, e, em última análise, visa curar. A febre o que mais quer é produzir a saúde! Odiamos a febre e a tememos como uma adversária. Porém, a febre é nossa grande aliada, tal como são todos os mal-estares. A imaturidade é que acarreta a sensação infantil de punição. Nada que nos acontece é por punição.

Nossas recusas aos convites da vida e nossas dissociações de nós mesmos produzem os sintomas que analisamos. A saúde é sermos inteiros e não sermos bons.

Os céus não julgam quem foi bom ou mau, mas quem foi inteiro e quem foi menos ou mais que inteiro. E quem não foi inteiro ainda pode sê-lo. E quem não foi inteiro até o último instante de sua existência terrena tem na morte o indulto derradeiro.

O encontro com a morte é um resgate de nossa nudez e vulnerabilidade. Na morte somos inteiros, queiramos ou não. A morte em si também não é penalidade-punição, mas penalidade-cura. A morte redime a todos à sua inteireza.

A tradição hassídica classifica os seres humanos em três categorias: *rasha, beinoni* e *tsadik* – personalidades carentes de integração; personalidades moderadamente integradas e personalidades idealmente integradas.

Rasha, que comumente se traduz por "perverso", tem sua raiz na palavra "violência". Aquele que carece de maior integração de sua personalidade é o dissociado. Suas subpersonalidades não se alinham com um centro do ser e criam antagonismos entre elas.

As pragas na vida de um *rasha* são inúmeras. O encapsulamento de fragmentos de si responde pelas profundas turbulências na vida desse indivíduo. São sintomas e, como tais, são também oportunidades.

O *beinoni*, o "intermediário", é onde se encontra a maioria dos seres humanos. Somos os medíocres possuidores de uma personalidade moderadamente integrada. A centralidade de nosso ser, apesar de mais consciente e de controlar várias das subpersonalidades de nosso ser, não vive plenamente integrada.

Apesar de cometermos delitos com menos frequência, as oportunidades de nos modificarmos são menores do que as do *rasha*. Temos mais facilidade de nos iludirmos de que somos um conosco mesmos, que somos inteiros.

Os *tsadikim*, os "justos", por sua vez, são aqueles capazes de integrar até mesmo as suas mais radicais polaridades como complementares. Seu centro não é um ponto hierárquico, mas a interseção de todo o seu ser. Seu núcleo é o somatório de si, o centro gravitacional de todos os seus pesos e medidas.

A justiça, portanto, não é uma medida de equilíbrio externa que possa ser alcançada com punições e corretivos. É um equilíbrio interno de integração e aceitação. Não há justiça possível que não seja no âmago do ser humano.

Só essa justeza pode produzir o efeito harmônico que sonhamos para a humanidade, para a vida e para a realidade. Justo é atingir a equidade de si. Só quando nos respeitamos como um todo, quando outorgamos igualdade de vozes às virtudes e às sombras em nós, conhecemos a justiça, a paz e a licitude.

Dos cenários

Do julgamento em si

O julgamento é realizado para os indivíduos que não tenham sua personalidade plenamente integrada. No banco dos réus se encontrarão muitos indivíduos que diante da justiça terrena eram modelares.

Lá se apresentam indivíduos muito bondosos com fichas impressionantes repletas de delitos. Religiosos, gurus, benfeitores, líderes e altruístas, para nossa surpresa, são muitas vezes os que sofrem as mais severas condenações.

As ações são tão inócuas perante os céus como os discursos perante a Terra. O que move as ações – as intenções – é nossa maior responsabilidade perante os céus. E nós costumamos dizer que a ação é tudo! A maneira como vivemos em nós a vida é que é tudo! Ninguém está salvo, nem (principalmente) os bons!

Os místicos, os teólogos e os filósofos são muitas vezes acusados de tráfico de influência e de prevaricação. Isso porque usam o benefício de seu pensamento e discurso para vantagem própria e porque retardam e impedem a lei por interesse pessoal.

Os pais, os professores e os terapeutas, por sua vez, experimentam agravantes de condescendência criminosa ao não denunciarem ou apontarem incompetências; ou, quando por coação irresistível e obediência hierárquica, induzem seus dependentes, discípulos e pacientes a delitos.

Afinal, se considerarmos o ditado "de boas intenções o inferno está cheio", temos de considerar que também "de más intenções o paraíso está cheio".

Não é a natureza da intenção que condena, não há certos e errados. A questão é se essa intenção responde pela integridade de quem somos ou não; se é plena ou parcial.

Como é o julgamento?

> Diz o Talmude: "Em nosso Julgamento Celeste aparecem todas as entidades relevantes. Elas testemunham sobre sua própria essência. Quando fazemos algo com muita intensidade e presença, criamos um anjo saudável. Quando fazemos algo pela metade sem o coração pleno, criamos um anjo fraco e anêmico."

Diante de nós aparecem todos esses anjos que criamos. Eles têm a nossa cara no momento em que a vida foi vivida por inteiro ou dissociada. Nós os reconhecemos com um misto de dor e embaraço.

A intenção do julgamento não é nos humilhar ou castigar, como já vimos. Pretende vulnerabilizar nosso coração para nos resgatar. Dizia o Rebbe Lentzner: "É preciso ter o coração partido para se ter um coração inteiro."

Só quando nosso coração se quebra diante das partes de nossa vida para as quais nos tornamos frios e indiferentes, só então os sintomas nos oferecem o diagnóstico e os possíveis caminhos de cura.

E quem julga?

Quem julga são nossos olhos críticos e nossa consciência cruel. Eles são feitos à imagem e semelhança reversa do Juiz. Somos nós na retina do Criador: julgamos e, ao mesmo tempo, não podemos exigir-nos mais do que nudez e vulnerabilidade.

Delírio ou pesadelo, a saga de Adão e Eva foi instaurada ao confrontar-se com um paraíso onde a consciência seria um espelho – imagens de espelho onde o Criador e a criatura se confundiriam em juiz e réu.

Adão sonha a realidade em sua consciência e se pune e se expulsa. E busca até hoje como encontrar o caminho para se perdoar e retornar ao Paraíso. Sua visão de si é tão cruel, tão consciente, autoconsciente, que não enxerga a porta escancarada diante de si.

Sim, o julgamento celeste é o corredor que leva à antessala desse Paraíso. Para retornar, temos de desfazer as miragens e alucinações sobre nós. Perdidos entre os espelhos múltiplos de nós mesmos, reverbera a grandeza do réu, que é imagem e semelhança do Juiz e do Juiz que se faz um condenado.

A severidade do julgamento é tão áspera quanto o temor de nos aceitarmos e nos descobrirmos apenas um reflexo. A consciência nos dá a rigidez que nos condena, mas em contrapartida nos oferece faculdades concretas que nos permitem a sensação de uma identidade. Com a consciência parece-nos possível "tocar" em nós mesmos.

Quem de nós abriria mão dessas faculdades que permitem "tatear" a realidade? Poucos. No entanto, a única forma verdadeira de conhecermos e interagirmos com a realidade é através de nossa nudez e vulnerabilidade. Sem esses dois recursos construímos uma realidade paralela que mais cedo ou mais tarde se mostrará ilusória.

Fazemos, porém, a opção de Adão de forma recorrente e comemos da Árvore da Consciência a cada dia, a cada momento. Condenamo-nos ao nosso próprio julgamento e discernimento como o preço para prosseguirmos a usufruir a sensação de tatear a realidade.

Como a espécie que é rei da realidade, vivemos à beira da solidão e do desespero resgatados (absolvidos) unicamente por nossa nudez e vulnerabilidade.

Do inferno, do paraíso

Diz o ditado: "Vão para o inferno todos os que têm medo de ir para o inferno!" O verdadeiro inferno se configura em desperdiçarmos a vida por medo. Não há maior punição do que estar eternamente em dívida para consigo mesmo.

O truque máximo de autoilusão é a crença de que a morte nos leva ao desconhecido. O inferno seria um lugar quente, sufocante e angustiante. Distante de nossa vida de escolhas, o inferno é um inferno porque nos arrasta à revelia.

Mas como seria pensar o inferno simplesmente como a continuidade da vida que produzimos para nós mesmos? E se a "punição" não fosse mais do que uma eterna continuidade de nossas próprias escolhas e opções?

Talvez não fosse o lugar da punição, mas da praga. Talvez o lugar da escolha, ou melhor, o lugar onde todas as escolhas não assumidas do passado se revelassem e nos fosse imposto vivê-las à revelia. O inferno seria o reencontro com nossas ausências e nossos controles de toda a vida.

O inferno seria o lugar carnal de muita nudez, toda nudez que não suportamos em nós e nos outros. Seria um lugar onde todo medo e receio de nos mostrarmos vulneráveis nos tomasse de um só assalto.

Diz a tradição judaica que a mais terrível experiência de separação do corpo durante a morte é a amnésia profunda que faz com que esqueçamos nosso nome. O terror de nos tornarmos anônimos e inexistentes se revela na simbologia do esquecimento de nossa identidade.

Dumia (silêncio), o anjo guardião dos desencarnados, trata de acalmar as almas para que possam lembrar-se de seu nome. A tradição recomenda até mesmo artifícios mnemônicos* para se recordar do nome nesses momentos.

Seja como for, o inferno é o lugar onde a realidade se manifesta plena e não há subterfúgios e evasivas. Tudo o que ficara esquecido de nossa identidade se concretiza na incapacidade de nomearmos a nós mesmos.

Esse lugar onde purgamos e refinamos a nós mesmos é onde as sombras reaparecem. A amnésia se dá por resistirmos a incorporar e integrar as sombras demoníacas que juramos não fazer parte de nós.

Dizem os textos que todos os sons que a pessoa ouviu durante sua vida continuam a vibrar em sua alma como moedas em uma garrafa. Essa agitação impede que se instaure a tranquilidade necessária para escutar as sutis vozes angelicais e celestiais.

---

* É tradicional memorizar-se um versículo bíblico que contenha as iniciais de seu nome. A crença de que o texto bíblico não está sujeito à degeneração da matéria seria um auxílio nesse momento de resgatar seu próprio nome.

Como uma "estática", esse ruído é insuportável. A alma tem então de ser colocada numa *kaf-a-kela,* uma catapulta. Dois anjos se posicionam, cada um num dos confins do universo, e repicam a alma de um lado ao outro.

Dessa forma, os anjos tentam se livrar da poeira psíquica acumulada pela vida afora colocando a alma numa centrífuga cósmica. Tentam talvez juntar "ser e sombras" em uma única entidade.

Isso porque o Paraíso é simplesmente o lugar onde as pessoas se aceitam. É o lugar de vida eterna com nossa nudez e vulnerabilidade. Distante da falsidade, a identidade não precisa ser lembrada porque ela é coerente depois da vida como o foi durante a vida.

A entrada no jardim do Éden, segundo a tradição, é iniciada com um banho num rio de luz (*di-Or*) criado pela transpiração dos entes celestes enquanto estes fervorosamente louvam a glória do Criador. Essa transpiração é símbolo de permeabilidade – nudez e vulnerabilidade.

Com essa imersão, qualquer resíduo de ilusão se dissipa. Inteiro, o ser usufrui a si mesmo. Sua identidade não é mais representada pela reflexão da consciência, mas pelo pleno ser. As pragas se dissolvem e há uma total inclusão na malha da vida.

A cada dia da eternidade, no mesmo horário, à meia-noite, o Criador adentra o jardim do Éden para se regozijar com suas criaturas que se aceitam por inteiro.

Conta uma parábola que um pobre homem desesperado por não poder sustentar sua família embarca em direção a praias estrangeiras. Tragicamente, seu barco naufraga durante uma tempestade, mas ele consegue se salvar nadando até uma ilha tropical.

> Para seu deslumbramento, assim que pisa na ilha percebe que esta é recoberta de diamantes. Há diamantes na praia e em toda parte.
>
> Determinado a retornar para sua casa, encontra um construtor de barcos e oferece pagá-lo em diamantes em troca de uma nau. O construtor ri dele e diz: "Mas o que eu faria com esses diamantes sem valor algum?"
>
> O estrangeiro rapidamente descobriu que a moeda de valor na ilha não eram os diamantes tão abundantes, mas dejetos de animais que fertilizavam o solo. Depois de trabalhar duro por vários anos economizou o suficiente em dejetos de animais para pagar pelo barco e ainda lhe sobrou bastante.
>
> Quando o barco ficou pronto, carregou-o com sua preciosidade e zarpou para casa. Ao reencontrar sua família, orgulhosamente anunciou: "Estamos ricos!" Rapidamente abriu a carga e mostrou à família o que trouxera: dejetos de animais!
>
> Um silêncio tenebroso pairou no ar. O pobre homem se deu conta de seu engano e começou a chorar.

A realidade é onírica e ilusória quando perdemos contato com a legítima "moeda" de troca, de permeabilidade da vida. Sermos nós mesmos e honrar-nos em tudo o que somos é a grande riqueza. Deste mundo nada se leva, a não ser o nome – ah, e que não nos esqueçamos da integridade de nosso nome!

Sua próxima encarnação

Acreditamos em reencarnação, mas só um louco esperaria por ela! Todos os símbolos humanos derivam de sua própria experiência de vida. Como crianças sensíveis e intuitivas, falamos do mundo vindouro com a sabedoria deste mundo à nossa volta. A nudez e a vulnerabilidade são os instrumentos sagrados da vida. A consciência e a utopia humana por perfeição acabaram por gerar a expectativa do mais cruel código penal do universo. O universo que não conhecia a punição a descobriu na consciência humana. A punição é o truque daqueles que cismam em se conhecer por espelhos. As pragas, por sua vez, são sintomas, manifestações imunológicas em proteção à nudez e à vulnerabilidade.

Sua próxima encarnação, sua reencarnação, é assumir essas duas características aqui e agora. Elas jamais deixarão que você seja o mesmo a cada momento e proporão através do livre-arbítrio um novo ser que não esquece sua identidade jamais.

O Criador não é um policial de dimensões cósmicas. O Criador é o modelo, o tom universal para resgatarmos nosso senso de inteireza. Como dizia Rav Kook: "Deus me lembra de tudo o que deixei pendente!"

O Criador é arquétipo do "Eu" que simplesmente é, em vez de um "eu" que se vê e se define a partir do lado de fora. O Eu do paraíso, em vez do "eu" do inferno.

O humano e o divino se encontram na nudez e na vulnerabilidade.

Nu e vulnerável, o Criador criou; nus e vulneráveis nos convida a sermos parceiros de Sua criação.

Certa vez, na Bahia, uma das sociedades menos críticas e rígidas do planeta (com um pé no Paraíso), me peguei surpreso com a diversidade de quinquilharias de uma loja e comentei com a vendedora: "Aqui na Bahia tudo dá!"

Ela então respondeu sensualmente: "Na Bahia tudo dá e deixa!"

"Dar" é a aceitação de nossa nudez; "deixar" é a aceitação de nossa vulnerabilidade.

Doe-se e deixe-se e fique longe dos tribunais celestes.

Doe-se e deixe-se e que se cumpra.

REVOGAM-SE AS DISPOSIÇÕES EM CONTRÁRIO.

Bibliografia

Aaron Levine: *Stories and Parables: A Dibbuk and Other Tales of the Supernatural* (Theatre Communication Group, 1997).

Edward Edinger: *The Bible and the Psyche: Individuation Symbolism in the Old Testament* (Inner City Books, 1986).

Edward Levin (org.): *The Sayings of Menachem Mendel of Kotzk* (Jason Aronson Publishers, 1995).

Eliahu Klein: *Meeting with Remarkable Souls: Legends of the Baal Shem Tov* (Jason Aronson Publishers, 1995).

Kalman Serkez (org.): *The Holy Beggar's Banquet: Traditional Jewish Tales and Teachings of the Late, Great Reb Shlomo Carlebach and Others: In the Spirit of the 1960s, the 1970s, and the New Age* (Jason Aronson Publishers, 1998).

Martin Buber: *Early Masters* (Knopf, 1976).

Martin Buber: *Ten Rungs: Collected Hasidic Sayings* (Kensington Publishing, 1995).

Maurice Friedman: *Encounter on the Narrow Bridge: A Life of Martin Buber* (Paragon House, 1991).

Michael Rosenak: *Commandments and Concerns: Jewish Religious Education in Secular Society* (Jewish Publication Society, 1994).

R. David Wolfe-Blank: *MetaSiddur* (Mais informações sobre este e outros textos do rabino Wolfe-Blank[z"l] podem ser obtidas com Yael Meir, yaelmeir@earthlink.net ou [xx.1.206] 523.2994).

R. Nachman de Bratslav: *The Outpoouring of the Soul* (Breslov Research Institute, 1980).
R. Y. Kranz: *Legends of the Dobno Maggid.*
R. Zalman Schachter-Shalomi: *Sparks of Light: Counseling in the Hasidic Tradition* (Shambhala Publications, 1983).
Simon Dubnov: *Tales of the Hassidim.*
Stanley Keleman: *Somatic Reality* (Center Press, 1982).

Este livro foi impresso na Editora JPA Ltda.,
Av. Brasil, 10.600 – Rio de Janeiro – RJ,
para a Editora Rocco Ltda.